Spuren intelligenten Lebens

Vermächtnisse einer Zivilisation

von

Len Mette

Bibliografische Information der Deutschen Nationalbibliothek:
Die Deutsche Nationalbibliothek verzeichnet diese Publikation in der Deutschen Nationalbibliografie; detaillierte bibliografische Daten sind im Internet über http://dnb.d-nb.de abrufbar.

Spuren intelligenten Lebens
Len Mette

1. Auflage
Oktober 2020

D-69231 Rauenberg (Kraichgau)
info@DerFuchs-Verlag.de
DerFuchs-Verlag.de
Lektorat/Korrektorat: Sabrina Georgia
Coverfoto: Fotomanufaktur Wessel
Portraitfoto Len Mette: Bettina Südmeyer

ISBN 978-3-96713-006-5 (Taschenbuch)
ISBN 978-3-96713-007-2 (ePub)

Gedanken zum Inhaltsverzeichnis

Darf ein Buch, das ausschließlich dem Zweck der seichten Unterhaltung dienlich ist, ein Inhaltsverzeichnis haben? Ehrlich gesagt, weiß ich das nicht. Ich bin ja weder ein großer Literat noch auch nur ansatzweise eine Leseratte. Das ist kein Scherz: Mit Büchern habe ich gar nicht viel zu schaffen, wenn wir einmal von den drei bisher veröffentlichten Schmökern absehen. So richtig erklären kann ich diesen Widerspruch nicht. Manchmal schreibe ich eben einfach und Leute lesen es. Aber ein Buch-Fan bin ich nicht. Ich kenne dieses oft beschriebene Wohlgefühl nicht, ein Buch in der Hand zu halten und das Papier zu riechen. Ich bekomme davon allenfalls Krämpfe in den Daumenballen und Kopfschmerzen vom Geruch der Tinte. E-Books mit fachlichen Themen sind mir lieber. Noch besser sind billig produzierte Fernsehdokumentationen über Außerirdische. So, nun ist es raus! Ich bin ein *Unromantiker*. Lange Rede, kurzer Sinn: Nun weiß ich also auch nicht, ob dieses Buch ein Inhaltsverzeichnis haben sollte, oder eben nicht.

Gehen wir es pragmatisch an: Wir haben es in diesem Werk mit in-sich-geschlossenen, kurzen Geschichten zu tun. Ob sie nun alle Eigenschaften von Kurzgeschichten im formalen Sinne aufweisen, weiß ich ebenfalls nicht. Nennen wir sie also stattdessen *kurze Geschichten*. Du liest hier somit keinen Roman mit durchgehender Handlung, sondern eher eine Ansammlung kleiner, leckerer Häppchen satirischer Couleur, im Format kurzer Geschichten. Wie schön. Damit wäre auch das geklärt.

Aus dieser Sicht macht es dann wohl auch Sinn, ein Inhaltsverzeichnis zu erstellen, um einzelne Storys wiederfinden zu können. Ganz gleich, ob man sie noch einmal lesen möchte, oder schlicht, um zu wissen, bis wohin man schon gelesen hatte, bevor einem Mal wieder das Lesezeichen aus dem Buch fiel – was bei aller Romantik, bei E-Books übrigens nicht passiert. Also gut, der Entschluss steht fest: Dieses Buch bekommt ein Inhaltsverzeichnis!

Nun bleiben noch einige wesentliche Fragen offen, die sich an die echten Kenner richten: Platziert man ein Inhaltsverzeichnis nun vor oder nach dem Vorwort? Bedeutet das *Vor* im Wort *Vorwort* nun *vor dem eigentlichen Inhalt* oder *vor allem Anderen*? Und wenn das Inhaltsverzeichnis erst nach dem Vorwort käme, würde das Vorwort auch im Inhaltsverzeichnis, nach dem eigentlichen Vorwort erwähnt? Auch das weiß ich nicht. Ich bin ja keine Leseratte. Ich packe es jetzt einfach vor das Vorwort und basta!

Achtung, jetzt kommt´s:

Inhaltsverzeichnis

Vorwort

»Du musst das alles aufschreiben«, haben sie gesagt. »Bring das auf die Bühne«, haben sie gesagt. Und seither sagen sie »Wann bist du fertig? Wie lange noch? Kann ich schon mal was lesen?«.

Freunde, ihr macht euch kein Bild davon, was es heißt, sich ein Buch aus den Ärmeln zu schütteln! Insbesondere dann nicht, wenn man gar nicht weiß, was man da eigentlich gerade zu Papier bringen will. Die Aufforderung »Du musst das alles aufschreiben«, ist ja nun etwas grob gefasst, wenn wir mal ehrlich sind. Im Grunde habe ich ja gar nicht viel zu erzählen. Ich habe keinen roten Faden, kein konkretes Thema. Ich habe nichts dergleichen.

Gut ... ja ... zugegeben: Ich gebe den größten Teil des Tages gequirlten, geistigen Dünnpfiff von mir. Das ist sozusagen meine Kernkompetenz. That´s it. Ich kann nicht einmal malen, um einen unterhaltsamen Bildband zu befüllen. Nö, *Dünnpfiff* ist mein Thema. Und der findet meistens unter jeglicher Gürtellinie von Otto Normalverbraucher statt. Dafür werde ich folglich wohl in der Hölle schmoren oder Drohbriefe erhalten. Oder ich werde bis in alle Ewigkeit dieses unangenehme Gefühl verspüren, wieder der Einzige zu sein, der sich über einen Spruch amüsiert, den er soeben selbst von sich gegeben hat.

Sei´s drum!

Das Universum hat mich nun mal mit diesem Hirn geschaffen, das mir im Alltag stets Ärger mit meinen Mitmenschen beschert. Auf geheimnisvolle Weise fällt es mir schlichtweg leichter, mich in dieser Welt zu bewegen, wenn ich mich über unsere Zivilisation lustig machen kann. Dabei stelle ich regelmäßig fest, dass ich auch noch ein Teil davon bin. Teil dessen, was ich oftmals für völlig grotesk erachte.

Ich finde es nun mal lustig, wenn ein Bestattungsunternehmen mit dem Antlitz des Messias und dem Slogan »Wir legen Sie nicht auf´s Kreuz« oder mit einem Sarg und »Bei uns werden sie nicht reingelegt«, wirbt. Ich bin erheitert, wenn es einen Polizeieinsatz in einem Saunaclub gibt, weil einem Gast die Herausgabe des Kassenbons verweigert wurde. Ja, ich habe sogar etwa drei Tage lang, tief in meinem Innern gekichert, als der ICE-Schaffner einen offenbar sehbehinderten Gast ohne Fahrschein, mehrfach als *Blinden Passagier* bezeichnete, ohne den unfreiwilligen Sarkasmus daran zu bemerken.

Ich stelle mir in einer Kirche die Frage, wie man hier wohl den Verbandskasten zuverlässig von den anderen Kisten mit Kreuz darauf unterscheidet, oder ob es eine *Klerus-Edition* im Webshop von Herstellern von Verbandsmaterial gibt, damit alles im stimmigen Design daherkommt. Andere Menschen finden das nicht lustig. So gar nicht. Die menschlichen Schicksale, die Missachtung ethischer Grundsätze und so.

Ja, ich weiß: Meine Sicht der Dinge mag hier und dort etwas von der Norm abweichen und ich sollte hin und wieder vielleicht weniger schnell den Mund aufmachen. Ich habe mich daran gewöhnt, dass sich nahezu täglich irgendwer findet, der eiligst einen therapeutischen Stuhlkreis bilden möchte, nur weil ich etwas politisch nicht Korrektes von mir gegeben habe.

Ich sehe diese Szenen nun einmal so, wie ich sie sehe. Allein das Fernsehprogramm so manchen Senders treibt mich zu der Frage, ob ich im Mitteleuropa des 21. Jahrhunderts, oder auf dem Planeten der Affen lebe. Ich finde es ebenfalls herrlich, mich, einen Espresso in Reichweite, einen ganzen Tag lang in eine Shoppingmall zu setzen und einfach nur Menschen zu beobachten. Ich fühle mich dabei bestens unterhalten. Und weil ich ein soziales Wesen bin, rede ich darüber. Wenn auch meistens zu schnell und zu freizügig. Weil ich gern lache, picke ich mir heraus, was ich lustig finde. Das ist nicht immer ganz nah an den Fakten, aber eben so, dass ich es unterhaltsam finde.

Wenn daran also meiner Meinung nach irgendetwas bedenklich ist, dann allein die Tatsache, dass ich diese Dinge wirklich erlebe. Vielleicht bin ich krank, oder eine höhere Macht hat mir einen Chip eingepflanzt, die meine Wahrnehmung verzerrt. Drogen sind´s jedenfalls nicht, die das verursachen. Echt nicht. Ich habe weder eine politische Mission, noch möchte ich Menschen kränken. Ich kann es auch ertragen, wenn man sich über mich lustig macht, während ich mich selbst in einer misslichen Lage befinde.

Hört, hört!

Vielleicht liegt das einfach daran, dass es ohnehin genug ernste Themen in dieser, unserer Welt gibt, die wir auch noch *zivilisiert* nennen: Der Klimawandel, Kochsendungen, Kriege, Fremdenfeindlichkeit, Hass, Pädophilie, die Schere zwischen Arm und Reich oder das Dschungelcamp.

Nein, all das für sich finde ich kein Stück lustig. Nicht einmal das Dschungelcamp. Aber ich finde es gut, so manchem Thema wenigstens für eine kurze Zeit den Schrecken zu nehmen, indem ich seine ganz eigenen Kuriositäten betrachte. Mir macht es mein Leben einfach leichter. Der Kopf wird für eine kurze Zeit frei, um dann wieder mit frischen Gedanken über die wahren Probleme des Lebens sinnieren zu können. Aber wer will das lesen?

»Is peng«, denke ich mir. »Schreibe ich es halt auf.«

Genug der Rechtfertigung. Ich habe ja noch nicht einmal angefangen. Außerdem ist das hier ein Vorwort nach einem, mit Liebe verfassten, Inhaltsverzeichnis und nicht die Reaktion auf einen kritischen Presseartikel.

Der wiederum würde zumindest bedeuten, dass das hier jemand gelesen haben muss. Na, das wäre ja was! Meine stille Form der Revolte gegen das System. Ich hätte jemanden dazu gebracht, sich tatsächlich eingehend mit meiner *Poesie* zu befassen!

Schreibt man ein Vorwort normalerweise eigentlich zu Beginn oder lieber, nachdem das Buch fertig ist? Schließlich weiß man anfangs ja nun noch nicht so wirklich, was man alles schreiben wird. Und wenn man es nicht zu Beginn tut, ist es dann noch ein Vorwort oder eher eine Art *Nachruf*? Nein, das auch irgendwie nicht. Ein Nachruf ist ja etwas für Tote. Spätestens jetzt und nach der Verwirrung um das Inhaltsverzeichnis hat sich die Sache mit dem Nobelpreis für Literatur wohl erledigt, was? Ist ja auch egal.

Solltest du mit Ironie und Sarkasmus nicht umgehen können, ist es genau jetzt an der Zeit, panisch nach dem Kassenbon dieses Buches oder nach mindestens zwei weiteren Personen zur Bildung eines Stuhlkreises zu suchen. Selbstverständlich benötigst du einen Stuhl. »Guter Stuhl ist wichtig«, hat ein weiser Mann einmal gesagt, was in unserem Kontext aber rein gar nichts zur Sache tut. Egal, was du nun tust, bedenke eines: Vielleicht erkennt irgendein Psychologe der Zukunft, 200 Jahre nach meinem Ableben, irgendetwas Sinnvolles in den Zeilen, die vor dir liegen. Der *Theodor Fontane des Zeitalters vor dem Weltuntergang* in der Literaturgeschichte gewesen zu sein, würde meinen Erben vermutlich unglaubliche Tantiemen bescheren. Insbesondere für Erstauflagen! Vielleicht können sie mit der Kohle sogar den Weltuntergang verhindern und die Rechte an diesem verfickten Dschungelcamp und allen verdammten Kochsendungen kaufen, um sie endgültig ins Nirwana zu schicken. Und wenn es danach noch reicht, sollten sie auch Hochzeits- und Einkaufsdokus aus der weiteren Menschheitsgeschichte streichen. Pseudowissenschaftliche Sendungen über UFOs und Außerirdische sind aber nach wie vor okay. Ich finde, die Maya und Azteken sollten Astronauten gewesen sein dürfen. Außerirdische sind toll! Und urzeitliche Astronauten auch. Und Freimaurer. Die haben ohnehin irgendwie mit allem zu tun, jawohl! Was gäbe ich darum mitzuerleben, wie Außerirdische in einer fernen Zukunft die Vermächtnisse und all die kleinen Eigenheiten unserer Zivilisation beäugen würden! Vermutlich würden sie eine Comedy-Show daraus kreieren!

Was auch immer die Zukunft bringen mag: Du könntest aus dem Jenseits heraus behaupten, den in diesem Buch steckenden Genius schon ganz früh, vielleicht direkt nach dem Lesen des Inhaltsverzeichnisses, erkannt zu haben! Verbrenne also deinen Kassenbon und bestelle sicherheitshalber noch einige Exemplare zusätzlich. Wer weiß, was sie einmal wert sein werden. Tu es jetzt! Lesen kannst du später!

So, jetzt aber noch eine Widmung. Die schreibt schließlich jeder Möchtegern-Autor in sein Vorwort:

Dieses Buch sei jenen Dummbatzen gewidmet, die mich dazu überredet haben, es zu schreiben. Wehe, ihr lest es nicht ganz durch! Ich mach mir hier ne scheiß Arbeit damit.

Echt.

Bisschen Spaß macht´s auch.

Bisschen.

Ist aber auch Arbeit!

Epischer Hauptteil mit vielen Geschichten und Buchstaben

Männer

Das Mysterium Mann. Eine Geschichte voller Missverständnisse. Liebe Frauen, ich glaube, ihr macht es euch zu leicht. Auch wir Männer sind hochkomplexe, von Emotionen getriebene Individuen. Vielleicht unterscheidet sich die Art der Emotionen ein wenig von den euren, aber grundsätzlich sind wir nicht jene Neandertaler, für die ihr uns immer haltet. Vielleicht vergesst ihr auch einfach, dass ein Neandertaler ebenfalls emotional war. Vermutlich jedenfalls. Immerhin war er schon mehr Homo sapiens, als bloßer Homo erectus. Nein, liebe Damen, Letzterer hat nichts mit eurem Bild vom *erectus* zu tun. Das ist hier jetzt außerdem nicht wichtig. Es geht um Emotionen! Und um Evolution!

Wenn wir aber doch mal ehrlich sind, liegen bei aller Political Correctness, Gleichberechtigung und Moderne, noch immer viele Themenschwerpunkte in unser aller Gene verankert, oder? Nein, ich will damit nicht sagen, dass Frauen an den Herd gehören oder sowas. Von solcher Machodenke bin ich kein Fan. Dennoch glaube ich, dass es klassisch weibliche und eben klassisch männliche Denkweisen und Themen gibt. Wäre ja auch schlimm, wenn nicht.

Wir Männer sind also nicht einfach nur diese männlichen Wesen, die Fleisch essen und Bier trinken wollen. Nein, wir wollen GUTES Fleisch und LECKERES Bier. Das ist für uns

Luxus, so wie es für euch Luxus ist, den guten Eyeliner und die Handmaske mit Vitamin E zu kaufen. Ganz so, wie es auch Klopapier mit Vitamin E und eingeprägten Blumen und Kamillen-Duft gibt!

Seit Jahrzehnten stelle ich mir übrigens die Frage, ob ein weiblicher Arsch überhaupt in der Lage ist, gleichzeitig Vitamin E zu absorbieren und sich an geprägten Blumen zu erfreuen. Riecht er tatsächlich nach dem Gebrauch des Tuches nach Kamille? Ich stelle mir diese Frage und auch, ob Frauen Topfpflanzen kaufen und sie dann umbringen, nur um ihren Männern plakativ darzulegen, wozu sie in Wahrheit fähig sind. Diese und viele andere Themen werden wohl ewig ein Mysterium bleiben. Mein Arsch jedenfalls kann das nicht, mit dem Absorbieren irgendwelcher Vitamine. Glaube ich. Also, nicht, dass ich das wüsste. Bisher ist es mir jedenfalls nicht gelungen, meine Nase an meinen Allerwertesten zu führen. Kamillenduft macht Sinn. Aus Gründen. Ich weiß allerdings nicht, wie sich ein *Vitamin E*-Mangel an einem Arsch bemerkbar macht.

Wir stellen uns folgende familieninterne Konversation vor:

»Schatz! Mein Arsch ist so rau heut´ morgen. Auch nicht so rosig wie sonst isser. Da stimmt doch was nicht.«

»Da hast du recht, Hase. Zeig mal her! ... Das sieht mir stark nach einem Mangel an Vitamin E aus. Hier, nimm dieses Papier! Das wird dir helfen! Es ist mit Kamille und Vitamin E!«

»Danke Schatz! Übrigens, eine schöne neue Topfpflanze hast du da erstanden!«

Ich frage mich darüber hinaus, warum es bei Klopapier der Werbung oder eben neuer Funktionen, wie Vitaminen bedarf. Wer zum Geier würde das Zeug denn nicht trotzdem kaufen, wenn es keine solchen Maßnahmen geben würde? Was wäre die Menschheit ohne die Erfindung des Klopapiers mit Vitamin E und Kamillenduft und warum haben Hersteller ein Werbebudget dafür? Was zum Henker denkt sich die Industrie bei solchen Produkten? Ich weiß es nicht. Es mag daran liegen, dass ich zu männlich bin, um es zu verstehen.

Zurück zum Thema:

Handmaske? Ja! Handmaske. Ich wollte es selbst nicht glauben, aber es gibt nicht nur Gesichts-, sondern auch Handmasken! Das ist nicht etwa ein Karnevalskostüm ... Also man verkleidet sich nicht etwa und behauptet: »Ich gehe als Hand und das hier ... das ist ... Ich trage eine Handmaske.«. Nein, es ist noch viel komplexer: Das muss man sich wie einen Handschuh vorstellen, der irgendwelches Zeug beinhaltet. Als Handmaskenanwenderin sitzt du also mit Pranken auf der Couch, die aussehen, als seist du eine Mischung aus Astronaut und Tatortreiniger. Mit diesem Outfit könntest du Atommeiler rückbauen, so viel ist klar.

Nun ist es also so, dass du eine halbe Stunde dasitzt, wie Juri Gagarin in der Kapsel, um Vitamin E, Chiabutter sowie Macadamianussöl, für eine *reichhaltige und tiefgehende Pflege* in deine vom Alltag gebeutelten Flossen einwirken zu lassen. Nur, damit sie nicht mehr so trocken sind. Im Grunde ist es genau das, was den Trümmerfrauen zum Wiederaufbau gefehlt hat. In Gruppen hätten sie sich am Abend zusammengefunden, sich rund um ein altes, zu einer wärmenden Feuerstätte umgewandelten Ölfass versammelt, um gemeinsam eine Handmaske zu genießen. So entstehen Legenden.

Sei´s drum.

Nach 30 Minuten ziehst du die Dinger also wieder aus, wirfst jene nicht-biologisch-abbaubaren Einweghandschuhe in den Müll oder in die brennende Tonne und erfreust dich der weichsten Hände der Welt. Das Ganze hätte man ebenfalls mit einer Ladung Olivenöl erreichen können. Mit dieser Methode geht aber vermutlich der romantische Wellnessaspekt verloren. Als Frau bist du nun glücklich. Du hast dich um dich selbst gekümmert, etwas für dich getan. Du bist erneut bereit für die Welt. Und so macht auch eine Handmaske wieder irgendwie Sinn.

Bei Männern ist das ein bisschen anders. Wären wir pünktlich zum Wiederaufbau zu Hause gewesen, hätten wir abends gemeinsam ein Bier getrunken und unsere Hände in Motoröl getunkt, um kurz darauf damit zu prahlen, wer die fetteste Hornhaut an den Flossen hat.

So sind wir halt verschieden. Ich selbst bin in Teilen meines Lebens nicht weniger archaisch. Einmal im Jahr besuche ich heiligen Grund, pilgere zu einem der heiligsten Orte, die der Herr uns geschenkt hat, um mich selbst zu finden und

Kontakt zu meinen Ahnen, zu den männlichen Wurzeln meines Stammes aufzubauen. Ich norde mich ein, kalibriere mich neu, nehme Kontakt zu den Vorvätern auf, um auch künftig ein guter und produktiver Mensch sein zu können. Ich fahre gen Norden, dorthin wo die Götter wohnen, wie man sagt. Und sobald ich dort angekommen bin, rufe ich ihn aus, den Gruß der Götter: »Wacköööööönnnn!!!«. Ja, Wacken. Das Mekka des Metals. Hier bist du Mann. Hier darfst du sein.

Eigentlich fahre ich dort nicht einmal primär wegen der Musik hin. Nein, ich reise gen Norden, um Gleichgesinnte zu treffen, mich auf einem der größten und gleichzeitig friedlichsten Festivals der Welt zu tummeln, Bier zu trinken, einfach in der Masse der Menschen unterzugehen und mit ihnen gemeinsam den Elementen ausgeliefert zu sein.

Es ist wahrlich nicht nur das Mekka des Metals, es ist auch das Mekka der Entspannung, wenn im Laufe einiger Tage der Ausruf »Wacköööööön!«, zum verzweifelten Schrei »Kacköööööön!« mutiert, das Dixie-Klo überläuft und aus eben jener Not ein Wir-Gefühl entsteht, das seines Gleichen sucht!

Kacken in Wacken, ein Abenteuer für sich. Dort, wo Vitamin E im Klopapier zur Erleuchtung wird. Genießt du am ersten Tag noch die Landluft, mischt sich selbige an Tag zwei und drei mit einem leichten Bouquet aus Urin. Alles danach ist nur noch mit *dem alten Rom* zu assoziieren. Es ist so romantisch, gar wunderbar! Wenn man Mann ist und du nicht weißt, ob es noch feinster Schleswig-Holsteinischer Schlamm ist, in dem du bis zum Knöchel einsinkst, oder sich der innere Kreis des mobilen Pissoirs nebenan, durch eine Undichtigkeit im von Urin zerfressenen Kunststoff, um einige Meter erweitert hat.

Das ist nicht einfache Naturverbundenheit, das ist Leben am Limit. Nicht nur Neandertaler. Das ist die wahre Liebe zu den Wurzeln des eigenen Seins. Das ist etwas sehr Emotionales, fast wie Religion. Bei den Göttern des Nordens.

Fahre ich nach Wacken, mögen andere eine Modelleisenbahn bauen und ihren Spieltrieb ausleben oder in einen Männerchor eintreten, um Verbindung zu ihren Emotionen zu finden. Sie entspannen sich. Und das ist wichtig für sie, vor allem in einer Welt, in der viele so unentspannt sind. Es ist wichtig, damit sie nicht komplett am Rad drehen. Es ist fundamental. So wie es eine Handmaske sein kann. Es ist der Ruf unserer Gene nach Ausgleich und Entspannung. Es ist nicht unbedingt weiblich oder männlich. Es ist nicht Homo neanderthalensis oder Homo erectus. Nein, das ist es nicht. Es ist allenfalls ein ganz wunderbares, emotionales und hochkomplexes Individualmysterium, das uns doch irgendwie zu dem macht, was wir sind. Frauen und Männer.

Deutschlands nächstes Top-Möbel

Sollte irgendein Wissenschaftler einmal herausfinden, dass sich der Zustand einer Zivilisation an ihren TV-Formaten ermitteln lässt dann, da bin ich mir sicher, befinden wir uns in der Phase, kurz vor dem Untergang. Als nächstes werden wir uns vermutlich gegenseitig zerfleischen. Etwas anderes ist kaum vorstellbar, wenn ich mir so anschaue, was sich da alltäglich in der Flimmerkiste zuträgt, was wir als *Unterhaltung* bezeichnen. Nennt mich altmodisch oder gestrig. Aber das, was ich hier vorgesetzt bekomme, ist doch wohl keine Weiterentwicklung im Sinne einer Unterhaltungsevolution, oder?

Dabei hat alles einmal so romantisch angefangen. Damals, die Älteren unter uns wissen es noch, als sich die Familie am Samstagabend vor der strahlenden Flimmerkiste versammelte. Als ein Bildschirm noch eine Tonne wog und die Hälfte des Raumes einnahm. Das waren Zeiten! Da nahm man sich noch Zeit für Unterhaltung. In einer Ära, in der man noch aufwändige Kulissen in den TV-Studios baute oder als Sender ein eigenes Fernsehballett unterhielt. Spätestens hier wusstest du: »Okay, für´s Ballett bin ich zu fett!«, und verwarfst diese Erkenntnis, als Randnotiz eines behaglichen Fernsehabends mit der Familie.

Ich erinnere mich an die Eurovisionsmelodie und das zugehörige Standbild, in Blau mit gelben Eurosternchen! Hier wiederum wusstest du: Wenn du diese Melodie später am Abend wieder hören wirst, musst du ratzfatz ins Bett.

»Pölter an, Zähne putzen, ab ins Bett!«, schallte es dann immer aus Mamas Mund.

Ich erinnere mich an den TED, mit dem vermeintliche Abstimmungen des Publikums, der Zuschauer in *Deutschland, in Österreich und in der Schweiz* durchgeführt wurden, während Frank Elstner oder Dieter Thomas Heck wortgewandt die Zeit überbrückten. Das waren Abende guter Unterhaltung, ohne zu viel technischen Schnickschnack. Denn den gab es ja noch nicht.

Einige Jahre später sah das schon anders aus. Da musstest du bereits die richtige Serie schauen, um *hipp* zu sein und um mitreden zu können. Ich sage nur: »Ich arbeite für die Foundation für Recht und Verfassung. Und ich kriege Sie, das wissen Sie genau!« Ha! Ja, Michael Knight alias David Hasselhoff in Knight Rider. So richtig beeindruckt war ich aber erst, als Michael Knight es geschafft hatte, die Deutsch-Deutsche Mauer zu Fall zu bringen und dazu noch einen Charthit landete.

Oder das A-Team: »Ich liebe es, wenn ein Plan funktioniert.« Welch Nostalgie! Das waren noch aufwändig produzierte Serien, in denen die Bösewichte, von Folge zu Folge, immer die gleichen Schauspieler in wechselnden Rollen waren. Und ich hab´s erst in der Wiederholung, 20 Jahre später, bemerkt. *Wetten dass..?!*, wurde derweil durch Thomas Gottschalk in neue Sphären der Unterhaltung geführt und damit auch irgendwie *hipp*.

Schauen konntest du den Trendteil des Serien-Programms aber nur, wenn du RTL oder Sat1 empfangen konntest. Verbogen hast du dich, während du die Zusatzantenne an der Glotze anbrachtest und so lang in die Luft hieltest, bis das Bild halbwegs klar war, um dann eiligst einen Buchstapel unter jene Antenne zu bauen, um sie in Position zu halten. Sowas bekam man damals sonst nur im Zirkus Roncalli zu sehen. *Der große Mettini an der Antenne des Todes!* In der Manege passierte das alles allerdings ohne den finalen Absturz des Artisten in den Bücherstapel. Meistens.

Absturz hin oder her: Zog draußen eine Regenwolke vorbei, war´s das ohnehin mit Knight Rider. Kein Empfang. Over and out. Fernsehen war ein geradezu körperliches Abenteuer. Der Sport des kleinen Mannes. Zeitweilen ein Glücksspiel unter Lebensgefahr. So war das.

Echauffiert haben wir uns in dieser noch jungen Stunde des Privatfernsehens, als man unser Programm für Werbung unterbrach! Das kannten wir ja nicht. Mitten im Turbo-Boost, während das Auto über Abgründe und Bösewichte flog, unterbrachen diese Arschlöcher in den Sendeanstalten den Adrenalinrausch, dein wohl gefährlichstes Abenteuer der Woche! Immerhin hat uns das die besten Werbejingles der Geschichte beschert. »Ich will so bleiben, wie ich bin«, »Like

Ice in the Sunshine«, »Wrigleys Spearmint Gum, Gum, Gum«. Ich schmelze dahin, bei diesen Erinnerungen.

Was folgte, war die Ära der Talk- und Spielshows. Man nehme ein Rudel zerstrittener Halbaffen, setze einen gebildeten Moderator als Schiri ein, man verfrachte alle in eine bunte Talk- oder Spielshow-Kulisse und füttere das Ganze mit johlendem Publikum an. Fertig ist die Unterhaltung am Nachmittag!

Heute ist das ja alles ganz, ganz anders. Werbung gehört zum guten Ton, wir streamen unser Programm via Internet auf hauchdünne Displays und nehmen interaktiv, mittels Smartphone-App, teil am Live-Programm. Welch unsägliche, künstlerische, wie auch intellektuelle Möglichkeiten das eröffnet! Es ist unglaublich. Die Werbung schauen wir uns in kleinen Fenstern an, die während der Sendung eingeblendet werden. Dafür wird ab und an der Ton der Live-Sendung unterbrochen. Wir nehmen es dankbar an. Mehr oder minder. So wie schon vor 20 Jahren eben, als man die Werbeblöcke mitten im Turbo-Boost schaltete.

Zwischenzeitlich haben wir Frank Elstner und Thomas Gottschalk durch keine Geringeren als Guido Maria Kretschmer und Heidi Klum ersetzt. Auch diese Änderung wird uns vermutlich ein schöneres Leben bescheren. Wir schauen uns jetzt an, wie Menschen einkaufen gehen oder sich sechzehnjährige *Mädchen*, wie man die Protagonisten des Trash-TV für Minderjährige und Minderbemittelte nennt, für ein Foto jeglicher Menschenwürde entledigen und die Eltern ihren

Kindern auch noch begeistert applaudierend dabei zusehen. Manchmal schauen wir uns einfach intellektuell beseelte Millionäre an, wie sie im Alltag vor sich hin oxydieren, ihre Kohle in die Weltgeschichte pusten, Angestellte abfällig behandeln und nennen es *Dokumentation*.

Petrolgrün ist jetzt plötzlich nicht mehr Petrolgrün. Petrolgrün ist jetzt *Eisvogelblau*! Wenn Guido das sagt, dann ist das auch so! Zusammenhalt und Wertschätzung sind nicht mehr so wichtig wie die Statur einer Blindschleiche auf Droge, bei natürlich absolut gesunder und ausgewogener Ernährung! Heidi sagt das, dann ist das ja wohl auch so.

Die beiden, der Guido und die Heidi, die müssen es ja wissen, wurden sie doch von irgendwelchen Marketingstrategen zu Wissenden ernannt, noch bevor man irgendetwas von einem selbstgeschaffenen *Lebenswerk*, dieser Protagonisten gehört hätte, das die Expertise rechtfertigen würde. Jedenfalls bis dann eben irgendwer, bunt verpackt, gesagt hat, sie wären Experten. Und hier ist die Kette nicht zu Ende. Nein, nein: Unsere *Experten* ernennen wiederum Experten, die in Wirklichkeit gar keine sind. Es reicht augenscheinlich, in New York oder Los Angeles zu wohnen und für andere *Experten* gearbeitet oder einfach nur ein Selfie mit ihnen gemacht zu haben! Getreu dem Motto *Unter den Blinden ist der Einäugige der König*, fachsimpelt man fortan, was das Zeug hält. Immer begleitet von kreischenden Minderjährigen oder eben alten Minderbemittelten. Oh ja, und irgendeine Besonderheit sollte man sich zudem einfallen lassen. Nasales Sprechen. Stöckelschuhe als Mann, den eigenen Brüsten

Namen geben ... Irgendetwas Derartiges reicht völlig. Ein Slogan, wie *Der Tasche muss lebendig sein.* Absolut konkurrenzfähig unter Experten.

Und es funktioniert. Die Crowd, das Volk der Dichter und Denker, der Ingenieure und Erfinderinnen, lässt sich bereitwillig von ihnen umerziehen. Egal, ob du fortan Klamotten anziehst, die Dieter Thomas Heck allenfalls als Testbild in Kamera 3 gehalten hätte. Egal, ob Kevin nun Ohrstecker trägt, die durch eingebaute LEDs blinken wie ein Weihnachtsbaum in einem Friseursalon oder wie der Zugangsschlüssel zu Area 51 aussehen:

Es ist einfach *hipp*. Es ist *vong*. Es ist sogar scheißegal, ob dir selbst als minderbemittelter Protagonist peinlich ist, was du da gerade tust! Es wird noch hipper dadurch, dass du dir die Peinlichkeit nicht anmerken lässt und dich selbst darstellst, als seist du das neue Maß der Dinge, ein Experte im Aufstieg sozusagen! Du bist nun *Trendsetter* und mit etwas Glück und Folgsamkeit, trägst Du bald den Titel *Next Top-Möbel* und erscheinst in einem Möbelkatalog, den keiner kennt oder für wichtig hält. Aber man erwähnt den Katalog einfach immer und immer wieder im Fernsehprogramm als den *wichtigen deutschen Katalog*, damit er wichtig erscheint. Und plötzlich halten ihn auch alle dafür. Jedenfalls die, die dich als Möbel für bedeutend halten. Den Rest der Welt interessiert´s nicht. Auch das ist nicht schlimm: Denn fortan tust du einfach so, als würde es den Rest der Welt überhaupt nicht geben.

Das ist allerdings noch der harmlose Teil, mit dem wir Minderjährige und Minderbemittelte davon überzeugen, dass alle Oberflächlichkeiten dieser Welt wichtiger sind, als diese altmodischen Werte, die noch unsere Großeltern erlernt haben.

Der Trick: Du musst diese altmodischen Werte einfach stets in mütterlicher Manier als *seeeeehr* wichtig benennen. Freundschaft: *Seeeehr wichtig*. Integrität: *Seeeehr wichtig*. Respekt: *Seeeehr wichtig*. Und so weiter. Schon werden sie von der Crowd als das unwichtigste erachtet, was man sich nur vorstellen kann und jene, die ihr Hirn noch benutzen, können dir nicht einmal den Vorwurf machen, gegen den kleinen Knigge verstoßen zu haben. Ein so einfaches, wie geschicktes Täuschungsmanöver.

Möchtest du jemanden öffentlich als völlig blöd dastehen lassen, ohne den Unmut der Öffentlichkeit auf dich zu ziehen, äffst du einfach betonungslos nach, was er soeben gesagt hat oder formulierst ebenso trocken Sätze, wie: »Ich bin so froh, dass ich es mit solch individuellen Personalities zu tun habe.«

So richtig lustig wird´s aber erst, wenn du junge Erwachsene, die intellektuell nie über das Stadium eines Höhlenmenschen hinausgekommen sind, in einen Container einsperrst oder auf einer einsamen Insel aussetzt. Oh, am besten nackt! Welch furiose Idee! Einzige Zugangsvoraussetzung: Sie müssen einen Körper wie aus dem Katalog haben oder sonst irgendwelche übertriebenen Reizauslöser vorweisen können. *Finanziell abgebrannt* oder *karrieregeil* sind ebenfalls Attribute, die die Hürden zur Teilnahme senken, sind sie doch förderlich, für das, was kommen wird. Wem nackt nicht zusagt, dem sei auch die Variante *20 Notgeile bewerben sich auf Beischlaf mit nur einer Schönheit* empfohlen. Nackt macht sich unterwegs schon irgendwer ganz von allein, setzen wir unsere Schönheit doch als höchstintelligent und nicht verarmt in Szene. Dass das Objekt der Begierde schlicht ein gut aussehender, wenn auch völlig beziehungsunfähiger Normalo ist, werden unsere Kandidaten erst nach der Sendung bemerken. Aber dann ist es ja auch egal, denn immerhin können wir mit diesen simplen Mitteln sowohl teure Kulissen, als auch ein Fernsehballett einsparen!

Zurück zur Insel der Nackten: Dort angekommen beschäftigst du sie mit belanglosen Spielen, Hunger oder einfach Langeweile. Nicht nur Marsmissionsforscher der NASA, sondern auch TV-Formatsexperten wissen, was passieren wird: Ein Teil der Gruppe wird innerhalb eines relativ kurzen Zeitraums beginnen, sich aufgrund von Nichtigkeiten gegenseitig die Augen auszukratzen. Natürlich mimst du jetzt die Model-Mama und sagst in theatralischem Ton:

»Na, na, na! Das darf nicht sein! Letzte Verwaaaarnung!«, um schon einmal die Moralkritiker zu beruhigen, die dich und deine Sendung andernfalls in der Presse zerfleischen würden.

Deine nackigen Teilnehmer auf der Insel wird das nicht interessieren, denn die befinden sich ja in einer psychologischen Ausnahmesituation. Schließlich sind sie nackt und hungrig auf einer Insel, zusammen mit anderen nackten und hungrigen Inselaffen und müssen dumme Spiele spielen. Alles freiwillig natürlich, für viel Geld. Jedenfalls aus deren Perspektive. Immerhin sind sie ja finanziell abgebrannt und karrieregeil. Passieren wird ihnen ob der Verwarnung natürlich nichts. Es sei denn, sie tun irgendetwas, bei dem man die Kritiker nicht mehr mit einer mütterlichen Verwarnung beruhigen könnte. Dann schmeißt man sie halt schweren Herzens aus der Sendung, ohne jedoch zu vergessen, auch das drei Wochen lang medial auszuschlachten.

Der andere Teil der Gruppe von bildhübschen Höhlenmenschen besteht leider aus Charakteren, deren Ding es nicht ist, Konflikte auszutragen. Sie sind auf den ersten Blick also ein medialer Flop, wären da glücklicherweise nicht noch unsere Joker-Attribute *nackt* und *karrieregeil*:

Was diese possierlichen Individuen tun, ist ebenfalls klar: Sie werden übereinander herfallen, als hätten sie den modernen Porno selbst erfunden. Das, liebe Kritiker, ist mitnichten verwerflich! Immerhin geht es hier um *wahre Liebe* unter volljährigen Freunden, nicht wahr? Okay, okay, das Eine oder Andere ist vielleicht zu verpixeln. Aus Gründen des Jugendschutzes. Wir pixeln aber nur haargenau das, was rein juristisch betrachtet gepixelt sein muss. Und nur zu exakt jenen Uhrzeiten, zu denen es gepixelt sein muss! Schließlich geht es um die Liebe! Und um Karrieren! Und um Geld! Diesen Genuss der intellektuell anspruchsvollen Unterhaltung sollen ja möglichst viele Menschen in Reinform sehen dürfen!

Leider wird das Schauspiel unserem inzwischen sabbernden Publikum ebenfalls zu langweilig. Irgendwann weiß halt einfach jeder, wie nackte, mit Silikon und Botox vollgepumpte Neandertaler beim Pimpern und beim Schlammcatchen aussehen. Das kennt man alles schon. Bevor also wirklich niemand mehr einschalten möchte, ist es an der Zeit, die nächste Hürde der Ethik, des Intellekts, wie auch des guten Geschmacks zu nehmen und ein brandneues Format zu erfinden! Eben jenes muss sich jedoch als *soziales Experiment* bezeichnen lassen. Auch hier gilt es, die Kritiker möglichst lang in Schach zu halten:

Eine völlig spontane, wie abwegige Idee wäre es beispielsweise, reifere Frauen gegen blutjunge Frauen in die Manege zu stellen, um sie um die Gunst sexuell ausgehungerter Herren buhlen zu lassen. Das Ganze nennen wir provokant *Die Olle oder die Dolle?* und schicken die hübschen, aber finanziell abgebrannten Neandertalerdamen ins Rennen. Das *soziale Experiment* besteht natürlich darin, herauszufinden, ob es bloß schnöde weibliche Reize oder die wahre Liebe sein wird, die das männliche, finanziell abgebrannte, aber bildhübsche Neandertalerindividuum anzulocken vermag.

Wichtig an dieser Stelle ist eine Art Notfallplan, denn was, wenn unsere zugegebenermaßen minimal frauenverachtende Idee einer weiteren frauenverachtenden Fernsehsendung mit potenziell minderjähriger Zielgruppe gar als *nicht okay* eingestuft werden sollte? Was, wenn jemand herausfindet, dass wir die Werte der Zivilisation mit Füßen treten und dazu beitragen, weitere Neandertaler heranzuzüchten, nur um das Fernsehballett einzusparen? Was, wenn wir plötzlich feststellen, dass Jugendliche aufgrund ihres Medienkonsums ein völlig surreales Bild von Sexualität und ihrer Rolle in einer modernen Gesellschaft vermittelt bekämen?

So unwahrscheinlich diese abenteuerlichen Thesen auch sein mögen, unser Notfallplan soll wie folgt lauten:

»Wir wollten mit unserem umstrittenen TV-Format lediglich in provokanter Weise auf die Oberflächlichkeit von Teilen der heutigen Gesellschaft und der Medienlandschaft aufmerksam machen. Sollten wir das Werteempfinden und die Gefühle der Zuschauer verletzt haben, so entschuldigen wir uns in aller Form für diese Fehleinschätzung.«

In Kombination mit den geltenden Gesetzen der Kunst- und Pressefreiheit, wird uns dieser Satz nahezu unangreifbar aussehen lassen. Und je mehr sich die Kritiker echauffieren, umso mehr Aufmerksamkeit und Werbeeinnahmen werden wir generieren. So lang die sabbernde Meute hinschaut! Und je länger wir senden können, umso größer können wir uns die sabbernde Zuschauermeute heranzüchten. Eine Gelddruckmaschine! Wer braucht schon Verschwörungstheorien, um die Weltherrschaft an sich zu reißen? Wer braucht Kulissenbauer und ein Fernsehballett? Neandertaler sind viel billiger!

Ich frage mich: Hat Frank Elstner diese Entwicklung kommen sehen, als Thomas irgendwann in abgefahrenen Klamotten die Sendung übernommen hat? Ich meine ... Nicht, dass

Thomas ein Neander ... Nein, das sicherlich nicht. Und vermutlich findet sich hier ebenfalls die Grenze, zwischen seichter Unterhaltung und menschenverachtendem Unsinn. Darin, ob die Protagonisten über Hirn und Verstand verfügen und wissen, was sie da eigentlich tun oder eben nicht. Ob sie aktiv gestalten, oder bloß ein hohler Spielball irgendeines Konzepts sind.

Unterhaltung funktioniert mit Sensation. Wie im alten Rom. Daran ändert sich nichts. So sind wir Menschen. Niveau ist aber weder eine Hautcreme noch reine Glückssache. Das zumindest wird mir klar, wenn ich in Nostalgie an den blauen Bildschirm mit den gelben Sternen und der Eurovisionsmelodie zurückdenke. Ich ewig gestriger. War ich es, der sich damals gefragt hat, ob es wirklich interessant ist, einem Kerl beim Telefonbuchzerreißen im Rahmen einer Saalwette zuzusehen? Damals hat der TED entschieden. Heute sind wir umso mehr gefragt, zu entscheiden, indem wir einschalten oder eben nicht. Es ist, wie beim Verkehrsunfall, unsere ganz eigene Entscheidung, ob wir gaffen oder es lassen. Es ist unsere Entscheidung, was das Thema des Tages sein soll und was nicht.

Für die jungen Neandertaler unter uns möchte ich diese Erkenntnis etwas einfacher formulieren:

Liebe Influencerin, lieber Influencer,
Eins habe ich gelernt im Leben. Die wesentliche Frage, die du dir immer wieder stellen solltest, ist:
»Hä?!«

Ich schwör!

Kriegshelden

Es ist Zeit, über ein Ereignis zu sprechen, das wir alle kennen. Prinzipiell ist es wie die Wanderung dieser besonderen Schmetterlinge, die sich Monarchfalter nennen und, die sich in Nordamerika tummeln. Sie schaffen es aus schier unerklärlichen Gründen, Jahr um Jahr eine Wanderung hinzulegen, die sich gewaschen hat: Sie fliegen oder *falten, flattern* – oder was auch immer sie tun – über einen ganzen Kontinent, um aus dessen nördlichen Regionen bis zu 3600km weit in die mexikanische Sierra Nevada zu reisen und dort zu überwintern. Oder so ähnlich. Ich bin nun kein Schmetterlingologe oder sowas, aber ja, das ist wirklich wahr. Hin und zurück. Und das Beste: Die Falter, die losfliegen, sind nicht einmal ausschließlich die, die zurückkommen. Die denken sich nicht: »Ach, komm, Urlaub in Mexiko, zu Weihnachten sind wir wieder hier.« Nein, manche von ihnen gehen kalkuliert in ihrem Urlaub drauf, nachdem sie sich fortgepflanzt haben und erreichen nie wieder den Ausgangspunkt. Genauso, wie das bei uns Menschen so mancher Thailand-Urlauber tut. Zurück kommen im Falle der Falter jedoch auf jeden Fall die Kinder und Enkel derer, die einst losgeflogen sind. Dennoch finden sie exakt zum Ausgangspunkt der Reise zurück und die Geschichte beginnt erneut. Also tatsächlich alles wie beim Thailand-Urlaub. Als hätten sie ein von Anfang an eingebautes GPS und eine Mission, für die sie geboren wurden. Also die Falter. Faszinierend.

Die meisten von euch wissen es nicht, aber auch der Mensch kennt, abseits vom Thailandurlaub, Verhaltensmuster, die wie genetisch verankert in vielen von uns schlummern. Über Generationen hinweg gehen wir, wie programmiert, denselben triebhaft wirkenden Aktivitäten nach. Ein Beispiel: Der Gartenmöbelangebotstag bei Aldi. Wer kennt ihn nicht?

Auch ich als Eigenheimbesitzer kann mich diesem genetischen Programm das eine oder andere Mal nicht entziehen. So auch an jenem Feiertag der Konsumgüterhochkultur, als ich, noch früh am Morgen, das Allerheiligste des mitteleuropäischen Mittelstandspießers erspähe: Das alljährliche Sonnenschirmsonderangebot im Aldi-Prospekt! Genauer gesagt ist es ein recht hochwertig anmutender Ampelschirm in der Fassadenfarbe meines Hauses – zum unschlagbaren Preis von gerade einmal 49€.

Bumms! Das Genetik-Programm ist gestartet. Dieser Preis. Grund genug, ach was, er *zwingt* mich auf magische Weise dazu, zu Geschäftsstart des hiesigen Aldi-Markts vor Ort zu sein, um auf jeden Fall ein Exemplar dieses Schirms ergattern zu können. Ganz so, wie es vermutlich schon mein Vater, Großvater und die Urväter meiner Population getan haben mögen!

Machte ich mich als Heranwachsender noch lustig über dieses Verhalten, WILL die Natur nun augenscheinlich, dass ich es an die Nachfolgegenerationen weitergebe. Ich bin also willenlos, kann nicht anders. Ich bin ein Falter inmitten von vielen, um meiner Bestimmung zu folgen. Ich hecke eine

Taktik aus, springe kurz nach Sonnenaufgang in die Hose und fliege los gen Aldi!

Natürlich bin ich mit dieser Taktik nicht allein. Gegen 7:45 Uhr tummeln sich schon etwa zwanzig Menschen vor der Eingangstür des Marktes meiner Wahl, bewaffnet mit der *Streitaxt*, ja, dem *Panzer des kleinen Mannes*: Dem Einkaufswagen. Alle stehen sie dort mit einem *Ich-bin-die-Ruhe-Selbst-* oder *Ich-bin-absolut-Cool*-Gesichtsausdruck. Das ist Taktik.

Niemand ist *cool*. Sie wollen alle Beute machen und schrecken insgeheim nicht einmal vor Blut zurück. Ich weiß das und sie wissen es auch. Aber sie tun cool und zivilisiert, schauen taktisch meditativ ins Leere. Es ist dieser Blick, der ihnen immer nur dann entgleist, wenn irgendwer Anstalten macht, sich eben nicht hinten, sondern seitlich in der Schlange vor der noch geschlossenen Supermarkttür einzureihen. In diesem Moment klappern sie jeweils drohend mit ihren Panzern und rücken noch näher zur Tür, um dem unseligen Konsum-Terroristen von der Seite keine Lücke zum Vordrängeln zu bieten. Ihre Gesichter entspannen sich erst dann, wenn sich der vermeintliche Angreifer doch noch ans Ende der Schlange stellt.

Zehn Minuten später: Die Sache sieht jetzt schon etwas anders aus. Inzwischen stehen etwa 50 bis 60 absolut gelassene Gesichter vor dem Markt. Jedoch verformt sich die Warteschlange langsam und unkontrolliert zu einer Traube, was den ursprünglichen Kopf der Schlange, also diejenigen die sich die Nasen seit geraumer Zeit an der Tür plattdrücken, zur Weißglut bringt. Sie versuchen, sich das nicht anmerken zu lassen, aber man kann das Adrenalin in der Luft förmlich riechen. Ich fühle, dass der ein oder andere nun seinen Konsumpanzer in Stellung bringen wird, um auf die Menge zu feuern.

Ich zähle laut: »Drei, zwei, eins, Feuer!«

Während man sich vor mir umdreht und sich fragt, warum irgendein Nichtsnutz, mitten in der Traube, rückwärts zählt, bricht am Kopf der Schlange wie auf Kommando die *Ich-war-zuerst-da*-Schlacht los. Erwachsene, zumeist altersentsprechend vermutlich weise Leute, schimpfen wie Kindergartenkinder und Politiker, um ihre Position im Rudel zu verteidigen.

Mich amüsiert das mächtig. Nicht etwa, weil ich Spaß an der Konfrontation hätte. Nein, nein, es ist viel subtiler, denn alle im Gefecht verwickelten Kämpfer sind mit Panzern ausgestattet, ich aber nicht. Das macht sie schwerfällig, während ich, mit bloßen Turnschuhen gerüstet, flink wie ein Wiesel, um sie herumtanzen könnte.

»Einen Schirm werde ich auch noch so tragen können und dadurch wendiger sein«, hatte ich zuvor, in einem abgedunkelten und abhörsicheren Raum, während meiner taktischen Planungen für diesen Morgen, erdacht.

Diese akribische Einsatzplanung wird sich jetzt auszahlen. Ich muss mich also lediglich still verhalten, im richtigen Moment, flink, aber mit gemächlicher Außenwirkung an der streitenden Meute vorbeispazieren, mir meinen Schirm nehmen und ebenso elegant wieder verschwinden.

So der Plan.

Es ist der Plan, den schon die Urahnen meiner Familie nachgingen. Es ist der Plan meiner Gene. Es ist meine Vorsehung! Die Rechnung meiner Urahnen geht sogleich auf, denn während die Panzer rasseln und ihre Kommandeure sich noch bekriegen, öffnet sich pünktlich um acht Uhr die Pforte des Marktes.

»Jetzt ist er da, der Moment meiner Vorsehung!«, drängt es in mein Bewusstsein!

Während die Ellenbogen fliegen, spaziere ich friedfertig, wie Ghandi durch die sich auftuenden Lücken zwischen den kämpfenden Artgenossen, schnurstracks in den Aldimarkt, suche die Ware meines Begehrs und schnappe mir einen Schirm.

»Zeit zur Kasse zu spazieren«, denke ich noch triumphierend und es kommt der Moment, der so nicht geplant war: Die Meute hat in der Zwischenzeit erkannt, dass sie ihr Krieg von der Beute abhält. Sie haben sich eiligst entknotet und den Laden gestürmt. Vor mir taucht eine Wand aus wildgewordenen, mit Gehhilfen um sich schlagenden Rentnern auf, die sich nun auf Gartenstühle und Sonnenschirme stürzt.

Wer braucht schon Wunderheiler, wenn er Aldi hat? Der hilfsbedürftige Senioren-Teil unserer Gesellschaft vollbringt vor meinen Augen olympische Höchstleistungen: Gewichtheben, Weitsprung, Boxen. Die haben alle Chancen, mal wieder ordentlich sportliches Gold nach Deutschland zu holen, wenn man ihnen nur ein Sonderangebot in Aussicht stellt! Das ist vielleicht die rettende Idee für unser angeschlagenes Gesundheits- und Pflegesystem! Wir haben keinen Pflegenotstand, uns fehlen schlicht die richtigen Sonderangebote ... Und ganz nebenbei steuern die Individuen dieser Seniorenarmee sogar noch ihre Konsum-Panzer!

»Gelernt ist eben gelernt«, geht mir noch amüsiert durch den Kopf, während mich der Prothesen-Tsunami überrollt. Da stehe ich also mit meinem Schirm und werde von den Wogen der Konsumgesellschaft hin und her geschoben. Eine Kriegsherrin ergreift meinen Schirm, um ihn zur Lanze umzufunktionieren und mich gewaltsam wegzuschieben.

Moment mal ... Greift mich da etwa jemand an? Im Aldi? Wegen eines Gartenartikels? So nicht! Nun ist Schluss mit pazifistisch! Ghandi war gestern, jetzt mache ich mit.

Ich stelle meinen Schirm ab, ziehe mir die eben noch so mutige Kriegsherrin an Lanze und Kragen heran, schaue ihr tief in die fragenden Augen und sage leise:

»Ich bin genau die Sorte Mensch, vor denen dich deine Eltern immer gewarnt haben. Du benimmst dich hier wie eine offene Hose, weil du geil auf nen Gartenstuhl bist? Auch das hätten sich deine Eltern so sicherlich nicht vorgestellt. Du hast jetzt genau diese eine Möglichkeit, noch einmal über dich nachzudenken und wortlos aus meinem Tanzbereich zu verschwinden, bevor mein Schirm wundersam in dir verschwindet!«

Habe ich das gerade wirklich gesagt? Mich auf das Niveau der Meute begeben? Ich habe! Noch bevor ich Zeit habe, darüber nachzudenken, dass ich selbst zum Tier geworden bin, verschwindet die Kriegsherrin so flink, wie wortlos in der Menge. Mehr noch: Scheinbar hat der eine oder andere die Szene bemerkt, sodass ich freies Geleit durch eine schmale Gasse aus der Menschentraube heraus bekomme, nachdem ich freundlich lächelnd meine Jacke gerichtet habe. Den Schirm hat in der Zwischenzeit ebenfalls niemand angerührt, sodass ich auch ihn in aller Seelenruhe mitnehme, um bald darauf als erster Kunde des Tages an der Kasse zu stehen. Ein bisschen fühle ich mich wie einer dieser Kriegsherren aus einer Mittelalterserie, der mit Bärenfell und Schwert auf dem Rücken die Szenerie betritt, während das Volk eine Gasse für ihn bildet ...

Ich rate der Kassiererin noch freundlich, sich nicht provozieren zu lassen, denn die Meute dort hinten sei unberechenbar. Sie dankt mir freundlich, teilt mir aber mit, dass das der ganz normale Wahnsinn sei.

»Armes Deutschland«, denke ich, verstaue meinen Schirm im Auto und fahre heim.

Hey, ihr respektgierigen Wiederaufbauer Deutschlands da draußen: Ihr seid´s, die sich über angetrunkene Jugendliche aufregen. Ihr seid´s, die sich über nüchterne Jugendliche echauffieren, die sich um ihren Planeten sorgen. Ihr seid´s, die zum Wutbürger werden, wenn eine Gartenhecke die in einer Satzung festgelegte Höhe um 3cm überschreitet. Ihr seid´s, die stetig mit dem Finger auf andere zeigen. Und Ihr seid´s ebenso, die im Aldi Montag morgens um acht wegen eines Gartenstuhls zum, von der Genetik gesteuerten, Neandertaler werden.

Meinen Glückwunsch, eine große gesellschaftliche Leistung. Das hält selbst Ghandi nicht aus und ich habe mich gleichfalls davon anstecken lassen.

Denkt mal drüber nach!

Ich tu´s.

Vielleicht in Thailand. Oder in Nordamerika. Mal sehen.

Nach dem Kochen Hände waschen!

Man mag es nicht glauben, aber selbst als gestandenes, männliches Individuum mittleren Alters lernt man tagtäglich viel Neues dazu. Das können auch Kleinigkeiten sein. Besonders schön, gemessen am fortschreitenden Alter, ist es, dass sich die Kleinigkeiten durch ihren immensen Nutzen für die Restlaufzeit dieses ermüdenden und sich bereits langsam zersetzenden Köpers auszeichnen. So die recht einfache, wie nützliche Erkenntnis, nach dem Kochen die Hände zu waschen! Ja, ganz recht: Danach.

Ich meine, dass man sich vor dem Kochen die Hände waschen sollte, weiß ja jedes Kind. Man will schließlich niemanden mit Altlasten bekleben, die ein jeder von uns an seinen, sündhaft im Alltag kontaminierten, Händen mit sich herumträgt. Nach dem Kochen sieht das allerdings anders aus. Hier ist es, wie soll ich sagen, eher eine persönliche Angelegenheit, wie ich vor Kurzem, in geradezu prägender Weise erlernen durfte.

Es mag darüber hinaus ein Prozess der inneren Reife sein, sich an einem gewissen Punkt seines Lebens von Dosenfraß und Fastfood-Tempeln zu distanzieren und in eine Welt der Würze, des frischen Geschmacks und der sinnlich anregenden Freude eintauchen zu wollen. So auch ich. Zumindest teilweise. Ganz gelungen ist es mir bis heute nicht.

Nichtsdestoweniger tauchte ich eines schönen Tages in diese Lebensphase ein. Vielleicht, um überhaupt noch etwas Neues zu erleben, vielleicht aber auch nur einfach so. Ich vermag es nicht zu sagen, ich weiß es nicht.

Ein gutes Beispiel an dieser Stelle ist Kaffee. Bis zu meinem 30. Lebensjahr trank ich keinerlei Kaffee, kannte ich doch nur diese gefilterte Plörre, die bei Ommma, morgens gekocht, in die Thermoskanne gefüllt und auf dem mit einer Wachsdecke versehenen Fliesentisch der Marke *Eiche-rustikal* platziert wurde. Ein Bild, wie man es vielleicht nur als Ruhrgebietskind kennt, bekannt als *Gelsenkirchener Barock*. Hach, das waren Zeiten. Als die Welt noch einfach war. Bei Ommma.

Aber ich schweife ab.

Lange Rede, kurzer Sinn: Wenn du nicht ein halbes Kilo Zucker und ein Euter voll Sahne in die Plörre schütten wolltest, hat das Zeug wie durch eine Socke gefiltertes Grubenwasser von Zeche Zollverein geschmeckt und sah zudem genauso aus. Heute ist das ganz anders: Frisch gemahlene Bohnen und exakt berechnete Brühtemperatur zaubern einen Genuss aus dem Siebträger, der dich glauben lässt, die 25-jährige Tochter des Kaffeebauern vor dir zu sehen, die wie in einem dieser realitätsfernen Rambo-Filme, die einzige Schönheit ihrer Population weit und breit ist. Was ich meine: Dschungel, Krieg, Dreck, Ungeziefer ... und dann taucht da diese exotische, gepflegte Traumfrau auf der Plantage auf, die sogar gemachte Nägel hat ...

Sei´s drum.

In kulinarischer Hinsicht – und damit versuche ich, die dramaturgische Kurve zu bekommen – ist es nahezu unglaublich, was ein frisches Kraut vom Wegesrand mit einer Mahlzeit und mit dem Gaumen des die Mahlzeit verspeisenden Neandertalers anzurichten vermag:

Die Frische von Basilikum, die Wärme des Rosmarins oder das Feuer einer dosiert eingesetzten Chili-Schote eröffnen neue Perspektiven. Ja, ich möchte sagen, sie eröffnen gar neue Dimensionen des Genusses. Ich persönlich zum Beispiel, habe mich an die facettenreichen Formen der Schärfe herangetastet. Leichtsinnigerweise war ich in jungen Jahren der unangefochtene Currywurst-Schärfe-Champion Duisburgs und konnte Saucen in mich aufsaugen, die wohl klingende Namen, wie *LaBomba* oder *SuddenDeath* trugen. Das hatte zugegebenermaßen wohl weniger mit Geschmack, als mehr mit dem Ruhm zu tun, den mir die staunende Meute beim Verzehr der mit allerlei Warnzeichen markierten Brühe entgegenschleuderte, die man nur erhielt, wenn man einen Wisch unterschrieb, der die eigene geistige Zurechnungsfähigkeit bescheinigte.

Ein gewisses Maß an Leidenschaft steckte aber wohl schon damals darin. Fakt war: Das Zeug brannte in der Tat mehrfach. Erst im Mund, danach an der Kimme und mit an Sicherheit grenzender Wahrscheinlichkeit auch noch einmal dem städtischen Kanalarbeiter in den Augen. Das wiederum ist Berufsrisiko, schätze ich. Ähnlich dem des australischen Schlangenfängers aus der Glotze. Dem wollte mal eine

Schlange Gift in die Augen sprühen, um der Gefangenschaft zu entgehen. Gut, in meinem Fall entgeht nichts irgendeiner Gefangenschaft. Allenfalls metaphorisch betrachtet ...

Ich schweife abermals ab.

Was ich eigentlich sagen wollte: Ich esse gern scharf. Sehr scharf. Und spätestens dann, wenn man sich der eigenhändigen Zubereitung dieser Genussmittel im fortgeschrittenen Alter widmet – ich berichtete darüber – sollte man sich der Tatsache bewusst sein, dass jene Schärfe nicht nur etwas ist, das über die Geschmacksknospen wahrgenommen wird. So auch an jenem Tag, an dem ich leichtsinnigerweise eine Chilimarinade zauberte. Wie der Name schon sagt, sind hier frische Chilis, fein gehackt, wesentlicher Bestandteil der Gesamtkomposition. Da muss man jetzt kein Sternekoch sein, das ist selbst für Mama Miracoli nachvollziehbar.

Nun ist es so, dass ich hin und wieder einmal für kleine Rockstars gehen muss, so auch an diesem Tag. Insbesondere daheim bin ich überzeugter *Imsitzenpinkler*. Ich steh dazu. Das kurze Verweilen in innerer Einkehr auf dem Trichter, dem Thron des kleinen Mannes, dem Donnerbalken, dem Stuhl des Denkers ... Einfach mal lockerlassen. Ja und es ist so schön sauber. Ich mag das. Ich mag es wirklich, werde nicht gezwungen. Ich bin einfach über den Punkt hinweg, an dem so manchem männlichen Individuum daran gelegen ist, möglichst effektiv zu markieren. Ich bin halt anders.

Für die Damen in der Runde muss ich vielleicht erklären, dass es nicht einfach damit getan ist, sich hinzusetzen und laufen zu lassen. Weit gefehlt! Als Kerl setzt du dich und musst den Piephahn, der sich zuvor, wie ein Maulwurf in seiner Höhle Untertage, in die Jeans gequetscht hat, zunächst einmal in Richtung Zielgebiet ausrichten. Geschieht das nicht, ist der Sanitärbereich vor der Schüssel in Gefahr. Man kann sich das ähnlich vorstellen, wie wenn Frauen ein öffentliches Klo besuchen. Wundert euch nicht, ich habe Quellen, die ich zu dieser Recherche heranziehen konnte. Das erkläre ich ebenfalls kurz: Wenn Frau also, mehr oder minder klar im Kopf, auf ein Diskoklo oder eine andere öffentliche Einrichtung dieser Art geht, setzt sie sich da in aller Regel nicht einfach drauf. Sie will sich ja nicht die Pest, Ebola oder HansaPil“z“ einfangen. Man beachte das gewagte Wortspiel für Intellektuelle. Dafür gibt es zwar Vagisan, wie ich der aktuellen Fernsehwerbung entnehmen darf, aber das ist hier nicht das Thema.

Vielmehr entledigt sie sich also ihrer Textilien auf oder abwärts, je nach Outfit. Ich trage weder Jumpsuit, noch Abendkleid, aber grundsätzlich entledigt sich Frau auf irgendeinem geheimnisvollen Wege bereichsweise ihrer Textilien, um dann in einer annähernd hockenden Stellung, mit zielsuchend kreisendem Hinterteil zu versuchen, die Schüssel zu treffen. (Beiläufig möchte ich erwähnen, dass das Wort Stuhlkreis aus dem Kindergarten stammt und rein gar nichts mit dieser hier beschriebenen Situation zu tun hat.)

Lange Rede, kurzer Sinn: Die Sache mit der kreisenden Zielsuche kann gutgehen, sie kann aber auch eklatanten Schaden anrichten, wenn man nicht ganz klar im Kopf, oder dem erwähnten, männlichen Maulwurfseffekt, übersetzt in die weibliche Welt, erlegen ist. Hat eigentlich schon mal jemand gesehen, wie Hippos ihr Revier markieren? Aus beruflichen Gründen musste ich in meiner Jugend, nach Pfortenschluss die Toiletten einer Diskothek betreten. Ich glaube, ich habe hin und wieder das Ergebnis solcher Markierverhalten sehen müssen.

Wir fassen zusammen: Beide Parteien haben Strategien, die der Peilung des Ziels mehr oder minder dienlich sind und gleichermaßen Herausforderungen, die das Vorhaben torpedieren. Das muss an dieser Stelle einfach mal ausreichen.

Unschönerweise, und damit komme ich zurück zum eigentlichen Thema, müssen die Herren, so auch ich, dieser Peilung mit einem kurzen, aber beherzten Griff ans Strahlrohr nachhelfen. Das kann dann schon ausreichen. Je nach Dringlichkeit ist allerdings auf den *Gartenschlauch-außer-Kontrolle*-Effekt zu achten. Der tritt immer dann zu Tage, wenn im Garten jemand das Wasser voll aufdreht, während du das Schlauchende noch nicht festhältst. Ergebnis: tanzender Schlauch, alle nass. Das hat nun weniger mit der Länge des Schlauches, als mehr mit dem Druck des darin befindlichen Mediums zu tun, wobei das ja nun hier völlig unerheblich ist. Hier findet sich, so die Nachricht, inhaltlich also ein wesentlicher Unterschied zur weiblichen Seite, wie ich denke.

Egal.

Oberste Regel für den Mann in diesem Fall: Strahlrohr fixieren! Unschön allerdings, wenn man kurz zuvor Chilis gehackt hat und keine Feuerwehrhandschuhe trägt. Wie erwähnt, ist diese Schärfe nicht nur für Geschmacksnerven, sondern auch für andere Zellen dieser Gattung deutlich wahrnehmbar. Das wiederum liegt am in den kleinen Biestern enthaltenen Capsaicin, wenn man den Botanikern aus dem Netz glauben darf. Ähnlich wie beim Plutonium, können die Nervenenden bei diesem Zeug offenbar nicht unterscheiden, ob sie es gerade mit Hitze, oder eben mit jener Schärfe aus der Hölle zu tun haben.

So viel also zur theoretischen Biologie. Was das in der Realität bedeutet, das weißt du spätestens, wenn du aufstehen möchtest, dir der Geruch eines verkohlten Schweinebratens in die Nase steigt und feststellst, dass die Zündkerze vermeintlich gerade abfackelt. Du fasst sie abermals an, um an dir hinabzusehen und herauszufinden was da los ist. Dir wird schlagartig bewusst, dass eben dieser Handkontakt die Essenz des auf deinen Händen getrockneten Chilisafts malerisch auf Excalibur verteilt, wie der Kirmesmann die Schokolade auf der Banane.

Oh nein, was sollst du jetzt tun? Du lässt los. Du rennst hilflos mit nach oben gestreckten Händen und dem Schlüppi in der Kniekehle im Kreis und suchst panisch nach Lösungen, bis du notgedrungen und mit sonnenbrandartigen Hautreaktionen an der Anakonda, allein diesen einen Ausweg siehst: Du musst die inzwischen, wie beim In-den-Schnee-Pinkeln dampfende Nudel im Handwaschbecken versenken und den Waschmodus *kalt* bis zum Anschlag aufdrehen! Du machst das, weil es eben keine Lösung ist, die Lanze in die Topfpflanze zu treiben und auch nicht, sie auf die kalten Fliesen zu pressen, weil dies unschöne Abdrücke hinterlassen und die Konfrontation mit unschönen Fragen der Kinder nach sich ziehen würde. Du musst es tun und du tust es. Du hältst ihn ins Becken und du drehst den Hahn voll auf. Mit einem Blick in den Spiegel, wie Rambo. Und sprichst dir nur mit diesem Blick Mut zu, wie es Hollywood-Superhelden in Kriegsgebieten tun, bis du das erlösende Geräusch hörst, das bei Hufschmieden erklingt, wenn sie das noch glühende und in stundenlanger Arbeit in der Hitze entstandene Werkstück abschrecken.

Du atmest auf.

Dann ist es still. Du schaust dir noch immer, wie John J. Rambo, starr selbst in die Augen, weil du weißt, dass du das niemals vergessen wirst. Aber: Du bist froh, die Katastrophe noch einmal abgewendet zu haben. Erstmals von Glück darüber erfüllt, dass deine, ausschließlich aus weiblichen Artgenossen bestehende Familie, Handcremetiegelchen im ganzen Haus verteilt hat, weil du genau weißt, dass die darin befindliche Creme den inzwischen nur noch pulsierend glühenden Brennstab weiterhin und endgültig von der Kernschmelze abhalten wird. Und irgendwie ist es auch okay, dass er fortan nach Veilchen duftet, selbst wenn *verkohlter Schweinebraten* irgendwie männlicher klingen mag.

Es sind diese kleinen Momente, in denen du auch als alter Sack noch etwas lernst für´s Leben. Jetzt weißt du, wozu die Menschheit Handcreme erfunden hat. Du lernst, warum es in jedem Rambofilm eine kolumbianische Schönheit geben muss, die von der unsäglichen Gewalt des Krieges ablenkt.

Und du prägst dir auf jeden Fall ein, vor UND nach dem Kochen die Hände zu waschen!

In 10 Schritten zum Kaiser.
Oder: Populismus leicht gemacht

Dem Begriff Populismus (von lateinisch populus ‚Volk') werden von Sozialwissenschaftlern mehrere Attribute zugeordnet. Charakteristisch ist eine mit politischen Absichten verbundene, auf Volksstimmungen gerichtete Themenwahl und Rhetorik. Dabei geht es einerseits um die Erzeugung bestimmter Stimmungen, andererseits um die Ausnutzung und Verstärkung vorhandener Stimmungslagen zu eigenen politischen Zwecken. Oft zeigt sich Populismus auch in einem spezifischen Politikstil und dient als Strategie zum Machterwerb. (...) (Quelle: Wikipedia.org)

Ja, Populismus macht Politikern, wie Verschwörungstheoretikern Spaß, weil er die Dinge easy macht. Du musst nicht mit Fakten glänzen, dich nicht in komplexe Zusammenhänge einarbeiten. Es reicht, wenn du auf Stammtischniveau brüllen kannst. In der Jugendsprache würde man gar sagen, dass man *Follower* gewinnt, indem man einfach *Vong* wirkt und so *influenct*, wie es die *audience* eben gerade hören will.

Sicher, dazu muss man ein gewisses Talent haben. Vielleicht muss man dazu auch einfach entsprechend kaltschnäuzig sein und sich nichts daraus machen, Menschen bewusst für dumm zu verkaufen. Man darf nicht anfällig für Gewissensbisse sein, während man jene, die tatsächlich nicht ganz bildungsnah sind, ihrem Verderben zuführt. Eigentlich muss man nur wissen, was man will und dafür über Leichen gehen wollen. Ganz so, wie ein Redakteur der Boulevardpresse eben.

Funktionieren Politik, Macht und Boulevardpresse nicht von jeher auf diese Weise? War es nicht schon immer das ultimative Mittel zur Machtergreifung, zum Machterhalt und zur Meinungsmache, die Masse des Volkes hinter sich zu versammeln?

»Ja klar!«, so könnte man meinen. »So funktioniert aber nicht nur Diktatur sondern auch Demokratie und das ist auch gut so.«

Dabei ist es aber völlig unerheblich, in welcher Staatsform man die Massen hinter sich versammelt. Es geht mehr um das redliche oder weniger redliche *wie* dieses Versammelns. Im Klartext: Versuchst du, Menschen redlich und faktenbasiert zu überzeugen, oder überzeugst sie mit plumper Angst, fern von Fakten? Das populistische Rezept zumindest, funktioniert hier immer gleich und überzeugt durch Einfachheit und Effizienz.

<u>Schritt 1: Probleme finden.</u> Man nehme oder erfinde ein alltägliches Problem, mit dem sich möglichst jeder identifizieren kann. Das muss keine Katastrophe sein, aber es sollte etwas sein, dass dazu taugt, wie eine zu wirken, wenn man es nur groß genug aufpustet.

Mein heutiges Problem: *Der Wald! Ja, Freunde, der Wald stirbt ...!*

Ääh, Momentchen, ich bin schon zu tief im Thema. Noch stirbt er nicht, das kommt erst in Schritt 2.

Schritt 2: Vermeintliche Fakten schaffen. In diesem Schritt geht es darum, unser Problem – das Waldsterben – auch als solches darzustellen. Dabei ist es nicht wichtig, ob unsere ins Feld (oder in den Wald) führenden Fakten tatsächlich belegbar sind. Vielmehr geht es darum, die *alternativen Fakten* halbwegs glaubhaft zu belegen, also ein Konstrukt zu schaffen, das in sich zunächst schlüssig klingt. Ganz so, wie in einer guten Verschwörungstheorie. Sie muss einerseits glaubhaft wirken, andererseits nachvollziehbar sein, damit sie sich gut publizieren lässt. Ähnlich einem Werbespot. Themenverwandte Statistiken oder Wissenschaft eignen sich hier besonders gut zur Untermauerung unserer Geschichte. Schließlich handelt es sich um Wissenschaft. Dass wir hier natürlich Fakten hinzuziehen, die es in Wirklichkeit nicht gibt oder die nichts mit dem eigentlichen Thema zu tun haben, werden die meisten Menschen nicht oder erst auf den zweiten Blick realisieren. Jetzt sind wir also am eben genannten Punkt:

Ja, Freunde, der Wald stirbt! Er stirbt durch einen Schädling. Das haben Wissenschaftler bei der Auswertung von Statistiken herausgefunden, an deren Erstellung auch Dr. Best beteiligt war.

Schritt 3: Betroffenheit oder Bedrohung erzeugen. Endlich haben wir ein Problem mit einer kleinen Geschichte drumherum. Was schert uns dieses Problem? Bisweilen nicht viel. Genau deshalb müssen wir etwas tun, sodass es möglichst viele Nasen aus den eigenen Reihen betrifft. Dies geschieht nur, wenn es möglichst nah an unser aller Alltag heranreicht und geradezu eine Bedrohung für unser aller Hintern darstellt. Wir werden kreativer:

Ja, Freunde, der Wald stirbt! Und er stirbt nicht einfach so. Es geht auch gar nicht um den Wald am Amazonas.

Zwar wissen wir, dass dieser durch Brandrodung für unsere Möbel stirbt, aber das ist noch nicht nah genug dran, um wirkliche Betroffenheit zu erzeugen:

NEIN! Es geht um den guten deutschen Wald, der durch einen Schädling stirbt, wie Dr. Best herausgefunden hat. Und wie ja jedes Kind in der Schule lernt, erzeugen Bäume den Sauerstoff, den wir zum Leben brauchen. Und wenn wir bald keine Bäume mehr haben, werden wir alle elendig ersticken!

Schritt 4: Böse Schuldige finden. Wir haben jetzt also ein bedrohliches Problem, das uns alle existenziell betrifft. Blöderweise haben wir noch keinen konkreten Schuldigen. Den müssen wir allerdings finden, sonst funktioniert unsere Technik zur Erlangung der Macht nicht und so richtig Spaß macht die ganze Sache so auch irgendwie nicht. Wichtig hierbei: Der Schuldige darf auf keinen Fall in den eigenen Reihen zu finden sein. In jenen Reihen ebenfalls nicht, die uns bei der Machterlangung noch nützen könnten. Wir wollen es uns schließlich mit niemandem verscherzen. Es geht bei der Suche des Schuldigen also darum, zunächst wenig Unruhe im Innern unseres Systems zu stiften. Dieser Schritt kommt erst später und würde unsere noch junge Knospe der Machterlangung nach außen zu schlecht darstellen. Wir sind ja die Guten. Zunächst ist es somit empfehlenswert, einen eher wehrlosen Feind außerhalb der eigenen vier Wände zu suchen.

Erwähnte ich, dass der gute deutsche Wald stirbt, der uns alle am Leben hält? Entschuldigung, ich bin wieder einen Schritt zu weit. Dennoch: Er stirbt. Und er stirbt nicht einfach so! Er stirbt vielmehr durch den syrischen Borkenkäfer (Borkum syrikälis), der per Schiff zunächst in unsere Häfen und danach, an den Hosenbeinen unbedarfter, aufrechter deutscher Spaziergänger, in unsere Wälder eingeschleppt wurde. Dr. Best hat das eher zufällig im Zuge einer Studie herausgefunden. Hieran lässt sich übrigens die Heimtücke dieses Insekts erkennen. Erst verstecken sie sich in unseren Schiffen, dann an unseren Hosenbeinen, nur um uns bald darauf die Lebensgrundlage zu entziehen! Ohne die Gründlichkeit unserer Wissenschaftler hätten wir das vielleicht niemals erfahren und wären, einfach so, alle erstickt!

<u>Schritt 5: Thesen möglichst oft wiederholen und Multiplikatoren einsetzen.</u> Bisher haben wir nur die Vorarbeit geleistet. Der wahre Schlüssel zur Macht liegt allerdings darin, unser Konstrukt als die *einzige Wahrheit* erscheinen zu lassen. Hierbei machen wir uns eine Eigenschaft des menschlichen

Hirns zu Nutze, denn das hält evolutionsbedingt zunächst die Dinge für sicher und schlüssig, mit denen es am vertrautesten ist. Im stark vereinfachten Ergebnis bedeutet es: Was wir häufig wahrnehmen, erscheint uns nicht fremd und damit zunächst als gegeben und wahr. Wir stellen uns sozusagen auf die Gegebenheiten unserer Umwelt ein, arrangieren uns mit ihnen. Sind die Gegebenheiten leicht zu verstehen, beschleunigt dies den Effekt, weshalb die Nachvollziehbarkeit aus Schritt 2 wichtig ist. Nützlich sind an dieser Stelle also Massenmedien, wie das Internet, das Fernsehen oder Zeitungen mit möglichst hoher Auflage. Die Seriosität dieser Kanäle ist hierbei nahezu unwichtig, Reichweite und Auflage sind viel wichtiger. Haben wir sie in hoher Zahl erreicht, wird man unweigerlich allerorten über unser Thema sprechen. Es wird sich verbreiten. Wir werden die Menschen erreichen, die wenig hinterfragen. Und sie werden für uns arbeiten, indem sie mit weiteren Menschen darüber sprechen und unsere Thesen nachplappern.

+++ Breaking News: Wissenschaftler entdeckt ausländischen Schädling, der uns alle ersticken lässt +++

So weit, so gut.

Schritt 6: Aufmerksamkeit erzeugen und Zweifler zu Multiplikatoren machen. Mit steigender Reichweite sehen wir uns zugleich jedoch mit einem ganz wesentlichen Problem konfrontiert: Intellektuelle und die echte Wissenschaft werden auf unsere kruden Thesen aufmerksam. Diese Kräfte zerlegen unsere Theorie vom sterbenden Wald im Nu in ihre

Bestandteile und werden sie mittels Fakten widerlegen. Das muss verhindert werden. Es gilt wiederum, uns Schritt 5 und die menschliche Psyche nützlich zu machen. Wir müssen lauter sein und mehr *alternative* Informationen streuen, als die echte Wissenschaft. Glücklicherweise sind Wissenschaftler in aller Regel keine Marketingstrategen, weshalb uns das gelingen dürfte. Sollte die allgemeine Stimmung jedoch in eine Richtung kippen, die nicht die unsere ist, benötigen wir eine neue Schlagzeile, die die Aufmerksamkeit erneut in Richtung unserer Story lenkt oder eine Art gesellschaftlichen Aufschrei erzeugt. Wichtig ist hier nicht einmal der Inhalt oder die Nachvollziehbarkeit. Es gilt, mit unserem Thema allerorten im Gespräch zu bleiben, um es mehr und mehr *salonfähig* zu machen. Zusätzlich leiten wir hiermit sogar Schritt sieben zur Machtergreifung ein:

+++ Breaking News: Len Mette setzt sich dafür ein, syrischen Borkenkäfer auch in Syrien auszurotten, um das Überleben aller Deutschen zu sichern +++

Schritt 7: Der Messias sein. Nun ist es ja nicht mit einer guten Geschichte, einem Feindbild und der Verbreitung dieser Dinge getan, nein, es braucht auch einen Messias. Die Menschen wünschen sich einen Messias. Das ist wie der Trainerwechsel im Fußball. Eigentlich weiß jeder, dass der neue Trainer recht bald das Ende seiner Dienstzeit erreichen wird, aber heute ist er erst einmal der Messias und jeder glaubt daran, dass alles gut werden wird. Es braucht also jemanden, der verspricht, das Problem zu lösen, die Dinge anzupacken und die Welt wieder zu einem besseren Ort zu machen. Wer könnte sich also besser dazu eignen, als du selbst? Hierbei ist es relativ egal, welche Lösung du für unser erfundenes Problem anbietest. Wichtig ist ausschließlich, glaubhaft zu vermitteln, dass du im Stande bist es zu beseitigen. Selbstbewusstes Auftreten und *wissend* zu wirken, sind unabdingbar. Die Masse der Menschen wird sich nicht für die Details deiner Strategie interessieren, sondern dir einfach glauben wollen.

+++ Len Mette: »Ich mache es zu meiner Aufgabe, den verfluchten Käfer auszurotten, um den Wald und uns alle zu retten!« +++

Schritt 8: Die vermeintliche Lösung organisieren. Selbstverständlich wollen wir das Problem, das es in dieser Form ja gar nicht gibt, überhaupt nicht lösen. Schließlich ist ja gerade die vermeintliche Existenz des Problems das wesentliche Hilfsmittel für unseren Aufstieg in der Gesellschaft. Das erzählen wir natürlich niemandem. Stattdessen beginnen wir, Menschen zu animieren, Interessengruppen, Bürgerinitiativen und Vereine zu bilden, in denen sich fein weiter in bester Stammtischmanier darüber echauffiert werden kann, wie es überhaupt zu einer solchen Käferseuche kommen konnte, beziehungsweise wie die Ausrottung des Schädlings am besten zu erreichen sein könnte. Recht effizient ist es ebenfalls, bereits bestehende Institutionen, wie Schützenvereine oder freiwillige Feuerwehren zu unterwandern. Wir schaffen Ehrenämter mit vielsagenden Titeln innerhalb dieser Organisationen, denn das wird Menschen dazu motivieren, vermeintlich wichtig zu sein und sich anerkannt zu fühlen. Sie werden sich mehr und mehr der Sache *syrischer Borkenkäfer* verschreiben und immun gegen jeglichen wissenschaftlichen Zweifel werden. Und je überzeugter und motivierter sie sind, umso mehr Menschen werden sie wiederum überzeugen und einbinden. Das reicht uns aber nicht auf dem Weg zur Macht. Uns fehlt noch immer die politische Relevanz. Unsere Wählerschaft gedeiht in den Vereinen. Nun muss es nur noch etwas Wählbares geben:

+++ Breaking News: Len Mette gründet Partei zur Rettung der Wälder (PRW) +++

<u>Schritt 9: Andere Organisationen als unfähig darstellen.</u> Wir sind beinahe am Ziel. Wir haben ein Problem, das es zuvor nicht gab. Demnach hat sich auch niemand damit befasst. Wir haben es bereits geschafft, das Problem als besonders wichtig ins Bewusstsein der Massen zu schleusen. So weit, so gut. Wir haben es ebenso geschafft, unsere Partei, die PRW und Len Mette als Leitfigur, als einzig fähige Institution zur Lösung zu verkaufen. Kunststück, denn bis vor wenigen Wochen existierte es ja noch nicht, bzw. das Waldsterben hat bis zu diesem Zeitpunkt nicht so dramatisch ausgesehen, wie es heute erscheint. Alle anderen Parteien sind also relativ überrascht von der heutigen Tragweite. Das ist eine Gelegenheit, die sich nur selten bietet. Wir nutzen die Situation. Jetzt ist der Moment gekommen, in dem wir nun so richtig Unruhe im Innern erzeugen können, da wir schon genug Follower haben, die nur danach dürsten, einige zusätzliche Feinde zu finden, um den Zusammenhalt zu stärken:

+++ PRW bemängelt Führungskompetenz der Altparteien, die über Jahre versäumt haben, ein Konzept zur Rettung der Wälder zu entwickeln +++

Schritt 10: Die Macht übernehmen. Herzlichen Glückwunsch! Wir müssen nun nichts anderes mehr tun, als die Schritte 1-9 stetig wiederzubeleben und unser Pflänzchen wachsen zu lassen. Unsere *Message* geht viral. Echte Fakten und wichtigere Themen, auf die wir keine Antworten haben, bekämpfen wir auf die altbekannte Weise: einfach lauter brüllen als die anderen oder weitere Skandale erfinden. Unsere Anhängerschaft wird wachsen. Zumindest so lang, bis wir mächtig genug sind, Zweifler anderweitig außer Gefecht zu setzen!

+++ Breaking News: PRW in 13 von 16 Landtagen vertreten +++

Das alles kann funktionieren. Obwohl es überhaupt keinen syrischen Borkenkäfer gibt. Lediglich das Waldsterben ist real. Wenn auch nicht in einem größeren Ausmaß, als es das in den letzten 30 Jahren der Fall war. Es gibt einen Borkenkäfer, der Probleme macht, obwohl nicht in einem größeren Ausmaß, als es das in den letzten Jahrzehnten der Fall war. Wir werden nicht ersticken. Jedenfalls nicht in einem größeren Ausmaß, als es das in den letzten 30 Jahren der Fall war.

Lediglich unsere Aufmerksamkeit wurde auf einen Punkt fokussiert, der nur halb real ist und mit einigen frei erfundenen Elementen, Stimmungen und Gerüchten angereichert wurde. Das Ganze wird auf einen Nährboden aufgetragen, der sich *Hass* nennt. Und so kommt es, dass der Masse die wenigen realen Fakten dieser Geschichte ausreichen, um die vielen Unstimmigkeiten zu übersehen. Weil sie Menschen sind und es mögen, wenn sich die Dinge als einfach darstellen. Auch Hass ist simpel. Es ist eine jener Emotionen, die viel leichter zu erlernen sind, als Mitgefühl. Leider ist die Lösung vieler Probleme nicht einfach und es ist an uns, uns selbst und unsere Mitmenschen daran zu erinnern. Somit ist es unerlässlich, unsere Kinder den aufwändigeren, aber nachhaltigen Weg zu lehren.

Ja, auch ich bediene mich ganz ähnlicher Techniken, wie der des Populismus. Ich vereinfache Dinge. Ich stelle Dinge und Zusammenhänge wohlwissend dümmlicher dar, als sie es sind, um Aufmerksamkeit zu erhaschen. Ich stelle andere Meinungen durch lautes Brüllen und Verunglimpfung ins Abseits. Ich suche nach plakativen Zusammenhängen, schlachte sie aus, wo ich nur kann.

Es gibt jedoch auch Unterschiede: Ich bin kein Politiker. Ich lasse mich gern eines Besseren belehren. Ich strebe nicht nach Macht und gründe keinerlei Organisation, will nicht irgendein gesellschaftliches System verändern. Nicht einmal reich möchte ich damit werden. Ich säe keinen Hass gegen irgendwen, sondern versuche, Menschen zum Schmunzeln und zum eigenständigen Denken zu animieren.

Ich freue mich, wenn das funktioniert. Das Schmunzeln ist mein Lohn. Und ich hüte mich davor, diese Tätigkeit mit

Politik zu verwechseln. Auch hier lohnt sich der Blick ins Detail, denn:

Diese Tätigkeit nennt man *Satire*.

Der Fan

Man glaubt´s nicht: Auch Hinterhofautoren kommen manchmal in den Genuss *Fans* zu haben. Nun ja, eigentlich bekommen sie meistenteils eher Gelegenheit, mit Leuten abzuhängen, die zu Recht Fans haben, weil diese künstlerisch echt was draufhaben.

Was ich sagen will: Ich habe ehrlich gesagt keine Fans. Gut, es gibt einige treue Weggefährten und Weggefährtinnen in den sozialen Medien. Es gibt auch solche, denen ich immer wieder einmal bei meinen Bühnenaktivitäten begegne und mich sehr darüber freue, dass sie sich auf den Weg gemacht haben und dem einen oder anderen Spaß aus meinem Hirn zum gefühlt achtundzwanzigsten Mal lauschen. Ich verstehe das nicht, freue mich jedoch sehr darüber. Aber Fans? Die habe ich nicht. Ich bin einfach ein Normalo.

Ein *Fan* definiert sich als *begeisterter Anhänger / begeisterte Anhängerin einer Person oder Sache*. So zumindest definiert es das Wörterbuch. Frage ich, wie so oft Wikipedia.org, steht da:

Ein Fan ([fɛn]; von Latein: Fanaticus – von der Gottheit ergriffen, in rasende Begeisterung versetzt; Englisch: fanatic – eifernd, sich rücksichtslos einsetzend, schwärmerisch) ist ein Mensch, der längerfristig eine leidenschaftliche Beziehung zu einem für ihn externen, öffentlichen, entweder personalen, kollektiven, gegenständlichen, abstrakten oder sportlichen Fanobjekt hat und in die emotionale Beziehung zu diesem Objekt Ressourcen wie Zeit und/oder Geld investiert. Die Intensität der Anhängerschaft variiert dabei stark.

»Hm«, denke ich. »Investiert Zeit und Geld. Okay. Variiert stark. Okay. Von der Gottheit ergriffen, rasende Begeisterung, schwärmerisch, rücksichtlos einsetzend? Neee.« Spätestens jetzt bin ich überzeugt: Ich habe keine Fans. Und wenn, dann keinen fanatischen. Vermutlich werde ich spätestens nach diesen Zeilen auch niemals welche haben. Ich meine, es ist doch so: Als jemand, der Fans hat oder auch nur dafür infrage kommt, spricht man doch nicht über Selbige, oder? Man genießt und schweigt. Selbst wenn man darauf angesprochen wird, sagt man doch nur Dinge, wie »Unglaublich«, »Fantastisch«, »die besten des Planeten«, oder? Als Künstler pumpst du dann derartige Mengen an Schleim über den Äther, dass der Zuhörer unweigerlich kurz davorsteht, sich das Mittagessen noch einmal andersrum durch den Kopf gehen zu lassen.

Warum tun Personen des öffentlichen Lebens das? Der Grund liegt auf der Hand: Sie wollen um keinen Preis etwas Falsches sagen, das den Fan – Simsalabim – in einen Nicht-Fan verwandeln könnte. Schließlich ist jeder Einzelne ein Stück bares Einkommen. Er oder sie kauft Eintrittskarten, interagiert in den sozialen Medien und das Wichtigste: Fans motivieren Künstler ständig dazu, das nächste Projekt zu starten, den nächsten Auftritt in Angriff zu nehmen. Denn all das, was es im täglichen, kulturellen Betrieb zu sehen gibt, erfordert jedem einzelnen Akteur auf und hinter der Bühne eine unglaubliche Menge Energie ab. In den meisten Fällen steckt hinter einem Abend auf der Bühne ein Job neben dem Job, der nicht nur zeitintensiv ist, sondern ebenfalls finanziert werden will. Mitmusiker, Proberäume, Benzin, Verbrauchsmaterial, Mitarbeiter im Hintergrund. All das muss organisiert und finanziert werden. Erst danach kommt der Spaß auf der Bühne.

An alle da draußen, denen just in diesem Moment eine Träne über die Wange fließt: Es macht auch Spaß! Künstler leiden nicht unter dem, was sie tun. Es ist lediglich wichtig, einmal gesagt zu haben, dass die vielen Künstler dort draußen wahrlich oftmals mehr für, denn von ihrer Kunst leben. Und das nicht einmal besonders luxuriös. Dies ist ein weit verbreiteter Irrtum. Wirklich gut von der Kunst leben zu können, kommt einem Glücksfall gleich, der nicht einmal mit außergewöhnlichem Talent in Zusammenhang stehen muss, sondern eher mit Glück, Marketing und den richtigen Gönnern zu tun hat. Hat man es einmal in diese Sphären geschafft, darf man lächeln. Manchmal auch langfristig.

Konträr dazu schaue man sich nur einmal die Talente in den U-Bahnstationen der Großstädte an. Dort wird uns oft großartiges Können geboten. Aber sind diese Protagonisten reich? Wahrlich nicht! Diese Beobachtung wirft ein Schlaglicht auf den Stellenwert und den Preis, den wir bereit sind, für Kunst zu entrichten und Talent zu würdigen. Im Kino oder im Restaurant lassen die Meisten von uns für einen Abend zu zweit, ohne zu zögern, Beträge liegen, die sich gewaschen haben. Was sind wir denn aber bereit für einen Abend im Theater auszugeben? Der eine oder andere Gedanke zu diesem Thema scheint lohnenswert zu sein.

Genug der Gesellschaftskritik! Kurzum: Ein Fan ist immer ein Motivator, eine *Powerbank* für den Künstler. Willst du als Künstler aber von irgendwas leben, sind Fans darüber hinaus nicht der schlechteste Ansatz. Hier liegt somit der Grund, warum es unabdingbar für jene Künstler ist, stets gut gelaunt zu sein und zu lächeln, als wärst du auf Droge, wenn Fans in der Nähe sind. So viel zum unromantischen Teil. Nichtsdestoweniger ist es schon sehr unterhaltsam, eine Beobachtung dieser Spezies vorzunehmen. Zwar scheint es unterschiedliche Typen dieser Lebewesen zu geben, aber diese eint ebenfalls ein gemeinsames, geradezu klassisches Verhalten, das ein wenig an die Brunft des Schalenwildes erinnert:

So scheint es auch hier eine Art *Anbahnung* der Kontaktaufnahme zu geben, in der das Objekt der Begierde zunächst beobachtet und umkreist wird. Sie wiegen sich in Sicherheit, glauben, dass die Zielperson nicht ahnt, dass sie beobachtet wird. Leider muss ich bereits an dieser Stelle auflösen: Deine Zielperson ahnt es nicht nur, sie weiß es sogar! Das liegt vor allem daran, dass sich sonst eher selten, betont ins Leere oder auf den Boden starrende Personen, über einen längeren Zeitraum, kreisförmig um einen herumbewegen und besonders unauffällige Dinge tun. Natürlich ist auch dem Fan klar, dass jene Taktik der auffällig unauffälligen Anbahnung nicht bis ins Unendliche weitergeführt werden kann. Einerseits ist es, wie erwähnt, auf Dauer zu auffällig, andererseits führt es nicht zum Ziel. Am Ende ist es nicht ausreichend, einfach wie ein Eichhörnchen auf Speed um die Nuss zu kreisen. Es ist also höchste Zeit, den Abstand zu verringern und zur ersten Kontaktaufnahme überzugehen, indem Aufmerksamkeit in etwas verbindlicherer Weise erzeugt wird.

Das kann durch eine betont coole Körperhaltung, durch betont lässige und laute Gespräche mit einem Komplizen oder durch eine provozierte, peinliche Situation in direkter Nähe des Zielobjekts geschehen. Man laufe gegen eine Laterne, verschlucke sich unübersehbar und theatralisch an seinem Getränk oder rede laut über die neuerliche Begegnung mit Michael Jackson und Elvis Presley. Oder den Verbleib der sterblichen Überreste des Führers. Das Thema ist egal. Es geht jetzt darum, deinen Stand in der Gesellschaft zu dokumentieren. Bernsteinzimmer. Nazigold. Außerirdische Reptiloide ... Völlig egal! Dein einziges Ziel ist es, die Aufmerksamkeit des Zielobjektes auf dich zu ziehen!

Hier solltest du den Anspruch an ein Zeichen der Aufmerksamkeit nicht zu hoch hängen. Ein simpler Blick der Zielperson in deine Richtung reicht aus, um das Gespräch zu eröffnen. Beispiele für eine solche Gesprächseröffnung finden sich in:

»Ach ... Hallo!«, begleitet von einem debilen, aber nicht zu interessiert wirkendem Lächeln.

Oder aber:

»Ach ... bist du nicht ...«

Sehr wichtig hierbei: Wirke niemals zu informiert. Auch dann nicht, wenn es sich um eine Veranstaltung handelt, für die du just eine Karte gekauft hast, um genau diesen einen Künstler zu sehen, es sei denn, du kannst behaupten, dein Freund hätte dir die Karte gekauft. Den solltest du in diesem Fall jedoch dabeihaben, sonst wirkt es komisch.

Könner der Fanszene wenden jedoch die Königsdisziplin an: Sie tun einfach so, als wüssten sie überhaupt nicht, wer das Zielobjekt ist und starten ein Ablenkungsmanöver der ganz, ganz großen Sorte:

»Du sag mal, weißt du, wo hier die Klos sind und wann es hier losgeht? Wer spielt denn heute überhaupt so?«

Auch hier sehr wichtig: Insbesondere die letzte Frage sollte keine Anwendung finden, wenn du dein Ticket unter nennenswertem Aufwand, allein für diese Veranstaltung gekauft hast! Coolness ist das A&O. Wirke lässig, denn schließlich möchtest du als Person auf Augenhöhe des Zielobjekts wahrgenommen werden.

Wir halten fest: Anbahnung und Kontaktaufnahme wären damit erledigt. Du kannst jetzt also Glück haben und die Zielperson lässt sich von dir in ein Gespräch verwickeln. Wenn es nicht so gut läuft, bekommst du eine freundliche Antwort und die Zielperson zieht ihrer Wege. Selbst dann kannst du einen Erfolg verbuchen: Du hattest Kontakt, dein Gesicht ist bekannt und du hast nun beste Voraussetzungen, bei der nächsten Begegnung ein zweites Gespräch zu eröffnen!

Viel leichter, schneller und in den meisten Fällen erfolgversprechender, gestaltet sich allerdings folgende Variante: Sprich die Zielperson an, sag ihr, dass du dich für ihr Tun interessierst, und komme ganz easy mit ihr ins Gespräch! Das Geheimnis dieser Taktik ist, dass du damit genau das tust, wofür viele Künstler ihren Job machen: Du würdigst ganz simpel schon im ersten Schritt das, wozu sich dein Idol den ganzen Tag krumm macht.

Sehr unterhaltsam ist die Beobachtung des weiteren Verhaltens des klassischen Fans. Die einfachste Variante:

Die, die mit aufs Foto wollen.

Hierbei handelt es sich um den klassischen Autogrammjäger. Hatte man vor 20 Jahren noch ein Fotoalbum und eine Kamera mit Film dabei, war die tagelange Aufregung zu jener Frage, ob das einzige und eilig aufgenommene Foto mit der Zielperson wohl etwas geworden, oder nur unterbelichtete und verschwommene Matsche war, wesentlicher Teil der Autogrammjagd. Heute hingegen macht man zwanzig Selfies mit dem Smartphone und sieht das Ergebnis umgehend auf dem Display. Man postet es sofort in sämtlichen Social Media-Kanälen, egal wie zerrupft die Zielperson gerade ausgesehen hat. Die Aufregung besteht hier eher in der frohen Erwartung der Reaktionen auf das Foto im Netz.

Bei der nun folgenden Variante wird es schon anspruchsvoller:

Die, die die Zielperson gut kennen.

Die, die die Zielperson gut kennen, zeichnen sich insbesondere durch den Umstand aus, dass sie nach einem kurzen »Hallo« sogleich beginnen, die komplette Diskografie des jeweiligen Künstlers mantra-artig aufzusagen beginnen. Dicht gefolgt wird das Gebet vom Zitieren kürzlich erschienener Presseartikel oder Auszügen aus erst neuerlich veröffentlichten Texten. Was daraufhin geschieht, bringt die Zielperson oft in Not: Es ist Stille. Stille, die sich auf Seite des Fans mit einem fordernden Blick paart, wie ihn ein Pudel nach einer Apportierübung, in freudiger Erwartung auf das Leckerchen aufweist. Genau das, lieber Fan, bringt Deine Zielperson nun in besagte Not: Sie möchte dich nicht loben, als hättest du soeben ein Stöckchen geholt. Noch dazu ist sie vielleicht damit überfordert, obgleich geschmeichelt, dass jemand derart viel Zeit aufbringt, sich mit ihr zu beschäftigen. Sei also bitte nicht enttäuscht, wenn sie nun ein wenig hilflos oder förmlich reagiert.

Die, die meinen, die Zielperson würde sie gut kennen.

Bemerkenswert, wenn nicht gar überraschend ist die letzte der gängigen Taktiken, bei der du einfach deine Zielperson glauben machst, sie würde dich gut kennen. Ein Beispiel: Wir stellen uns vor, du würdest die Zielperson in einem Restaurant entdecken. Du begibst dich zu ihrem Tisch und eröffnest das Gespräch:

»Dass ich dich hier treffe! Wie geht´s dir? Viele Auftritte momentan? Wann kommt denn die nächste Veröffentlichung?«

Deine Zielperson ist nun perplex. Schließlich weiß sie nicht, ob sie peinlicherweise Namen und Aussehen eines Familienmitglieds vergessen hat, oder ob sie schlicht von einem nicht ganz zurückhaltenden Menschen verarscht wird. Eigentlich wollte sie ja nur in Ruhe in einem Restaurant speisen. Diese Situation wird in der Regel von der Zielperson, nach kurzer Zeit der Orientierung, eher als übergriffig eingeordnet, da sie zudem in der Freizeit stattfindet. Mit einer eher ablehnenden als freundschaftlichen Haltung ist zu rechnen.

Ganz gleich, wer dein Idol ist: Er oder sie ist nur ein Mensch. Man freut sich darüber, dass du Freude an seinem oder ihrem Werk empfindest. Bitte sei du selbst und stelle dich vor. Auch, wenn du dich schon einmal vorgestellt hast. Dein Idol wird sich freuen, einem *normalen* Menschen gegenüberzustehen, der sich für seine Arbeit interessiert.

Sollte mein Tun ebenfalls eines Tages einmal mit der Existenz von Fans belohnt werden, werde ich sie lieben. Weil ihr seid, wie ihr seid. Und weil ihr zu mögen scheint, was ich mache. Vielleicht sogar hin und wieder im Restaurant.

Ähnlichkeiten zu real existierenden Personen oder Ereignissen sind rein zufällig und nicht gewollt.

Tätowierungen

Die Geschichte der Tätowierung ist, offenbar ganz ähnlich jener des weiblichen Zyklus, eine Geschichte voller Missverständnisse. Vor hundert Jahren noch ein deutlicher Hinweis auf kriminelle Machenschaften des Trägers, muss man heute bereits nach Menschen suchen, die nicht tätowiert sind. Inzwischen trägt nahezu jeder diese kleine oder größere *Jugendsünde, Stammestradition* oder gleich seine ganze Lebensgeschichte, in Form mehr oder minder bunter Farbpigmente, unter der Haut. Es ist ganz normal. Es sei denn, du lebst unter Spießern. In diesem Fall hast du mit dem *Style* noch das Zeug zu einer Art *Punk* in deiner *Hood*, wenn du etwas Farbe unter der Haut trägst.

Jedenfalls ist die Tattoo-Szene keine wirkliche *Szene* mehr, was ich weder gut noch schlecht finde. Im Prinzip ist es mir völlig egal. Gewisse Neuzeit-Gesetze scheint es bei Tätowierungen aber zu geben. Regel Nummer eins: Das Kunstwerk ist bedeutungsschwanger. Menschen schreiben Bücher und Manifeste, gründen politische Bewegungen oder schaffen Kunst.

Firlefanz!

Es geht auch einfacher. Man lasse sich einfach ein bedeutungsschwangeres Tattoo unter die Haut stechen. Das ist sowas wie Instant-Intellekt, glaube ich. Von jetzt auf gleich bist du in der Lage, deinen *Style*, deinen *Character* oder auch die Melancholie deiner Lebensgeschichte plakativ in die Welt hinaus zu tragen, ohne ein Wort darüber zu verlieren. Jeder Bro in der Nachbarschaft weiß fortan Bescheid, was für ein harter Hund du bist. Jede Sista´ kennt deinen weichen, wie paarungsbereiten Kern. Du bist einfach anders als die anderen.

Die Frage nach kriminell oder nicht kriminell beantwortet sich inzwischen ebenso schwer, wie die nach *Terrorist oder nicht Terrorist*, nur weil man beispielsweise Bartträger ist. Das ist nicht mehr so einfach wie vor hundert Jahren, als die Tattoo-Welt noch in Ordnung war. Nein, nein! Heute bist du tätowiert und Bankberater: BIC und IBAN über der Augenbraue, kein Problem! Das alles ist möglich und gesellschaftsfähig.

Es zeigt sich: Unsere Welt ist kompliziert für die geworden, die es nicht gewohnt sind, geistige Transferleistung zu erbringen, die über das umblättern von Seite 1 auf Seite 2 der *Bild* hinaus geht. Sei es drum.

»Muss et auch geben«, hat Ommma schließlich immer gesagt. Was sie meinte, war: »Leben und leben lassen.« Oder, um die Transferleistung abermals zu reduzieren: »Kümmere dich um deinen eigenen Scheiß, ich mach´s genauso.«

Hinderlich ist hier allenfalls die Tatsache, dass genau das für viele unserer *Character* nicht ganz so einfach ist. Also ... Das *sich um seinen eigenen Scheiß kümmern*. Das *Leben und leben lassen* oder, um es mit tätowier-tauglichen Motiven auszudrücken: Das Aufbringen von *Tolerance* oder *RESPECT*. Oder gar für die Jugendlinguistiker unter uns: *Ehrenmann* sein! – Das jedenfalls ist ein Schriftzug, den man sich inzwischen gern mal über die ganze Männer ... äh Jungenbrust, den Hals, vielleicht gar auf die Stirn stechen lässt. *E-H-R-E-N-M-A-N-N*.

Spätestens hier kommt mir, als langsam alternder Sack, der Spruch meiner Eltern in den Sinn:

»Überleg dir das gut, Junge! Das bekommst du nie wieder weg«, hatten sie immer zum Thema Tattoo gesagt.

Und in der Tat ist da aus heutiger Sicht so Einiges dran und ich ertappe mich selbst hin und wieder dabei, den toleranten *Ehrenmann* in mir zu vergessen und schlicht zu denken:

»Die ticken doch nicht sauber.«

Insbesondere hinsichtlich der Schriftzüge ist es ja immer so eine Sache. Nicht nur, dass der Ehrenmann in fünf Jahren vielleicht keiner mehr sein will. Heute wird man ja gern innerhalb einer Lebensphase mal zur Ehrenfrau. Das ist nun in keiner Weise verwerflich, vielmehr ist das ja ein wunderbarer Fortschritt. Für das Ehrenmann-Tattoo wäre es aber wohl weniger zuträglich. Ich weiß nicht, ob der Chirurg auch diese Änderung im Paketpreis anbietet. Falls nicht, gibt es jedenfalls ein Problem an dieser Stelle und es bleibt nicht das Einzige. Viel fragwürdiger wäre es, wenn man uns – ähnlich wie Ötzi – in gut 3000 Jahren als knittrige Mumie irgendwo aus dem Eis ziehen würde und die Wissenschaftler oder die

Außerirdischen der Zukunft mit ihrem Hightech-Pinsel den Schriftzug *Ehrenmann* freilegten. Die würden sich doch verkohlt vorkommen! Ich meine, jedenfalls hat die Mumie gleich das passende Etikett, um sie entsprechend einordnen zu können.

»Dieses Individuum war als Ehrenmann seiner Soziosphäre anerkannt«, würde es in der vierundsiebzigmillionsten Ausgabe des Fachmagazins *Nature* heißen. Und weiter: »Lediglich das Geschlecht in Bezug auf die gesellschaftliche Einordnung stellt die Experten vor ein Rätsel.«

Dies zeigt: Mit meiner Tätowierung übernehme ich historisch betrachtet Verantwortung. Jedenfalls möchte ich gar nicht wissen, welche Theorien über die heutige Gesellschaftsform in 3000 Jahren aus dieser Konstellation entstünden.

Abseits solcher Probleme kommt in der Bildzeitungsfraktion der Gegenwart noch das Problem von Rechtschreibung und Grammatik hinzu. Sicherlich muss man für das aussagekräftige Kunstwerk nicht unbedingt den Akkusativ beherrschen. Eine grundlegende Kenntnis dessen, was man aussagen möchte, scheint dennoch von Vorteil zu sein, wenn man sich lebenslang mit Buchstaben behängen möchte.

So las ich neulich – und das ist weder erstunken, noch erlogen – den einfachen, wie komplett falschen Satz *Dont´ forgett to love youreselve* auf einem Schlüsselbein. Respekt an Künstler und die selbstbewusste Trägerin! Das Ding ist zwar halbwegs geschlechtsneutral und würde damit ebenfalls einer Umwandlung standhalten, aber: ein Satz, vier Fehler.

Ich frage mich, wer hier wohl die Krone der schöpferischen Dämlichkeit war? Der Tätowierer, der das Berufsethos mit Füßen trat oder die hohle Frucht von Kundin, die augenscheinlich nicht mit nur einem winzigen Akt der Absprache und Kontrolle überprüft hat, wie wohl das Ergebnis aussehen sollte? Hier hätte ein simpler Notiz-Zettel mit der korrekten Schreibweise geholfen!

Wie auch immer: In einem solchen Fall hilft nur ein *Cover-Up* von immenser Größe. Kann ja mal passieren, nicht so schlimm. Malen wir einfach nen Kirchturm drüber. Oder: Kopf hoch und einfach damit herumlaufen, als wäre nichts gewesen. Das ist die beste Gelegenheit, um schlicht in einer Fernsehshow für verunglückte Tätowierungen als Dummbatz der Nation Berühmtheit zu erlangen.

Ich möchte mich keineswegs über Tattoos lustig machen, schließlich wurde ich selbst auf nicht unbedeutender Fläche meines Astralkörpers künstlerisch veredelt. Auch ich bin einer Jugendsünde aufgesessen, als ich mir in einem dunklen, feuchten Keller mit zarten achtzehn Jahren mein erstes Tribal stechen ließ. Für die, die es nicht wissen: Ein Tribal war in den 90ern sowas wie das Arschgeweih für Männer. Nicht nur, dass man damals noch mit hochgiftiger Chinatusche so tief in die Haut stach, als wolle man das Zwerchfell verschönern, es sah im Anschluss zudem aus wie ein Tumor, den ich trotzdem mit Stolz durch die Welt trug. Vielleicht gehört das zur Persönlichkeitsentwicklung dazu. Schon damals flüchtete ich mich in eine Schutzbehauptung, wenn mich wieder einmal jemand nach der Bedeutung meiner Tumorpinselei fragte.

»Ich trage die Zeichen, die auch meine Väter und Vorväter getragen haben. Aus Respekt gegenüber meinen Ahnen. Sie stellen die Geschichte meines Familienstammbaums dar, der von den Angelsachsen etwa um das Jahr Fünfzehnhundertzwanzig nahezu ausgerottet wurde. Aber sie konnten sich retten, indem sie sich in die Wälder, nahe Sherwood ... ääh ... Mettmann zurückgezogen haben. Zu dieser Zeit entstand übrigens auch unser heutiger Nachname.«

Von meinen Ahnen war natürlich niemand auch nur ansatzweise tätowiert. Die haben außerdem nie einen Angelsachsen gesehen, geschweige denn persönlich gekannt. Überhaupt kann ich meinen Stammbaum exakt 80 Jahre bis zur Urommma nach Essen-Katernberg zurückverfolgen, als man sich noch mit einem Kohlebrikett den Lidstrich zog. Mettmann kenne ich auch nur aus der Stauschau im Radio. Das ist aber völlig egal. Das ehrfürchtige Raunen meiner Zuhörer, gefolgt von nicht mehr einer einzigen Rückfrage nach der Bedeutung meiner Tattoos, war mir mit dieser Geschichte stets sicher und ich hatte fortan meine Ruhe. Und Respekt. Lustigerweise funktioniert das.

Und ich machte weiter. Noch heute tu ich es. Weil ich´s schön finde. Einfach so. Für mich. Das darf ich. Und schlussendlich für alle, die mich stets und ständig fragen und meine Ahnengeschichte jetzt ohnehin nicht mehr glauben: Meine Tattoos sind völlig bedeutungslos. Die wenigen Bildnisse in meiner Haut, die vielleicht gar eine Geschichte haben mögen, gehen die meisten Menschen schlicht nen Scheiß an. So einfach ist das.

Jeder, der ein Tattoo trägt, kennt sie, diese Sprüche:

»Wenn du achtzig bist, hängt das alles runter«, erwidert von: »Ja, aber bei dir hängt es fahl-weiß, bei mir ist es schön bunt.«

Oder:

»So kannst du aber nicht mehr Anwalt werden«, dagegengehalten von: »Ich vertrete meine Mandanten grundsätzlich nicht nackt in der Sauna.«

Einzig an dem Mythos des Suchtfaktors mag etwas dran sein, wenn man einmal mit dieser Leidenschaft begonnen hat. Glücklicherweise reduzieren sich die Konversationen dieser Art deutlich und finden sich nur noch bei den ewig gestrigen wieder. Inzwischen schleicht sich offenbar die Erkenntnis ein in die Gesellschaft, dass Farbe nichts mit Intellekt zu tun haben muss. Manch einer lernt inzwischen gar, dass es sich mit der echten Hautfarbe ebenso verhält. Das stimmt mich zuversichtlich.

Fest steht: Der Umgang mit dieser Art der Kunst wandelt sich, so wie sich alles um uns herum in ständigem Wandel befindet. Ging dir die Oma auf der Straße beim Anblick tätowierter Arme vor nicht allzu langer Zeit noch verschreckt aus dem Wege, kontert sie heute mit gepiercter Zunge. Wird unsere Welt etwa toleranter oder einfach extremer? Die

Antwort auf diese Frage kenne ich nicht. Die Dame auf einer Party im letzten Sommer schien sie hingegen zu kennen, als sie meine nicht unwesentlich eingefärbte Nachbarin zu einer Zigarette und einem Sekt einlud:

»Hier, bitteschön. Eine in Ehren ...«, sagte sie.

Die Nachbarin lehnte jedoch dankend ab:

»Nein, vielen Dank. Ich rauche nicht und mag auch keinen Alkohol.«

Es folgte eine kurze Gesprächspause, begleitet von einem fragend wirren Blick von Seiten der bereits rauchenden Dame. Offenbar passierte hier etwas. Es schien, als würde an diesem Punkt die eben noch so einfache Welt dieser faltigen Frau aus den Fugen geraten. Die Fragezeichen standen ihr geradezu in den Pupillen und so dauerte es auch nicht mehr lang, bis sie doch tatsächlich mit ernster Miene antwortete:

»Aber Sie sind doch auch tätowiert. Es kann doch nicht sein, dass sie weder trinken noch rauchen.«

Das wäre für mich persönlich sicherlich ein Moment gewesen, an dem ich mich freundlich abgewendet hätte, um das Gespräch mit anderen Gästen des Ereignisses zu suchen. Ich mag es oft nicht, sinnfreie Gespräche bis zum Äußersten zu führen. Insbesondere dann nicht, wenn die Gesprächspartner dem Intellekt eines Toastbrotes nicht viel entgegenzusetzen haben. Trotzdem feiere ich die promovierte Nachbarin aus der viel zitierten Mitte der Gesellschaft noch heute dafür, dass sie Folgendes erwiderte:

»Da haben Sie Recht. Aber mein Mann mag es nicht, mit mir zu schlafen, wenn ich geraucht habe. Er hat da eine sehr empfindliche Nase. Und fahren muss ich später auch noch. Wissen Sie, er sitzt momentan in der JVA in Bochum ein und hat heute einige Stunden Hafturlaub. Da möchte ich ihn natürlich abholen und ihm eine kleine Freude machen. Die Kinder stört das inzwischen nicht mehr.«

Just in dem Moment endete dieses kleine, für mich jedoch geradezu epische Partygespräch, das ich unbeobachtet verfolgte. Beide Damen wendeten sich voneinander ab. Es erfüllte mich mit Dankbarkeit, denn so schnell scheint sich die Welt doch nicht zu drehen.

Egal, wie schnell sie sich allerdings dreht oder nicht: Ich trage sie weiterhin, meine Tattoos. Nicht nur, weil mir gar nichts anderes übrig bliebe, sondern aus Überzeugung. Für mich. So wie es jeder für sich halten sollte, ob er sie eben mag oder nicht. Die Geschichte der Tätowierungen ist nach wie vor eine Geschichte voller Missverständnisse und das ist auch gut so!

Ommma

Ich bin ein Ruhrgebietskind. Das ist nichts, worauf ich nun besonders stolz oder was mir besonders unangenehm wäre. Ich bin es einfach. Ich bin ein Essener Ruhrgebietskind und entstamme damit quasi dem Epizentrum dieser Region, in dem es keine sichtbaren Stadtgrenzen gibt. Hier geht eine Stadt fließend in die nächste über und alles ist irgendwie *zu Hause*. Viel weiter, als bis in die Dortmunder Provinz, an die südliche Grenze des Münsterlandes, wo es ländlich wird und wo niemand weiß, ob es noch Ruhrgebiet oder Münsterland ist, hat es mich bis heute nicht weggezogen. Fakt ist, hier ist es so ländlich, dass man sich zwischen Kaffee und Abendessen gern einmal die Gummistiefel überstülpt, um die Nordzäune an der Südweide reparieren zu gehen. Trotzdem fühle ich mich als Ruhri. Vielleicht bin ich mehr in dieser Region und bei diesen Menschen verwurzelt, als es mir bewusst ist.

Wie es wohl mit vielen Kindern gleicher Regionen ist, haben auch Ruhrgebietskinder diese Erinnerungen, die ganz spezifisch mit jenem *Zuhause* oder dem jeweiligen Kulturkreis in Verbindung stehen, aus dem sie eben entstammen. Schön ist sowas. Es sind Erinnerungen, die man immer wieder gern mit jenen teilt, die eben *dazugehören*.

Die meisten Menschen denken beim Ruhrgebiet sicherlich an die Nachkriegszeit, die Industriekultur, Kohle, Stahl, Dreck,

Wiederaufbau, rauchende Schlote, Kleingärten, einfache Verhältnisse, Dialekt oder an Szenen wie in *Das Wunder von Bern*. Das ist ja nicht ganz verkehrt. So war das Ruhrgebiet und das ist es hier und dort noch heute. Die Industrielandschaft mag sich verändert haben, die Seelen jedoch nicht.

Allerdings entstamme ich selbst einer Generation, die die Hochphase dieser Industrie in dieser Form nicht mehr erlebt hat. Ich kenne sehr gut, was aus dieser Zeit übrig blieb. Hallen der Schwerindustrie und Zechen habe ich mit eigenen Augen aber nur als Konzertlocations, Großraumdiskotheken, Möbelhäuser oder Museen kennengelernt. Selbst das im kollektiven Bewusstsein bekannte Bild grauer Wäsche auf den Wäscheleinen, weil der Wind wieder einmal gedreht und die frisch aufgehängte Kleidung mit Industriestaub verschmutzt hat, kenne ich allenfalls aus den ganz frühen Tagen meiner Kindheit. Naja, oder aus Duisburg-Hamborn vor zwei Wochen. Neben Hochofen 8 und 9. Ob Duisburg Ruhrgebiet oder Rheinland ist? Nun, das ist ein bisschen, wie mit den Nordzäunen an der Südweide und eine ganz andere Geschichte.

Ich entstamme also einer Generation, die bereits auf den Überresten der Schwerindustrie spielte, die sich die Natur, meistens bereits in Form von jungen Birkenbäumen zurückeroberte. Damals war mir nicht klar, worauf ich da spielte und ich fragte mich, warum ich die wilde, mit Schwermetallen verseuchte Brombeere lieber nicht essen sollte. Ich erinnere mich an die Pranken so mancher Männer im fortgeschrittenen Alter, die noch richtig *malocht* haben und wunderte mich, wie Haut an Händen derart hart sein konnte, als man den Kronkorken einer Bierflasche damit öffnen kann.

Heute weiß ich, dass Trinkhallen und Büdchen eine echte Ruhri-Erfindung sind und schmunzle, wenn Menschen aus anderen Regionen sowas nicht kennen. Ein Wassereis für zehn Pfennig von der Bude! Was für mich völlig normal ist, lässt so manchen Bayern fragend dreinschauen. Mit Verlaub: Das ist ja noch lang nicht alles. Einige der wesentlichsten Erfindungen der Menschheitsgeschichte entstammen meiner Heimat. So zum Beispiel der gewölbte LKW-Seitenspiegel, außen am Küchenfenster. Damit bekommst du in deiner Wohnung, mitten in einer Häuserschlucht im Ballungsgebiet, auf jeden Fall mit, was unten auf der Straße abgeht. Ist es etwas Interessantes, schnappst du dir das bereitgelegte Kissen und die Dose Export-Bier, reißt das Fenster auf, legst das Kissen auf die Fensterbank, lehnst dich darauf, genießt das Bier und hast einen Logenplatz wie im alten Rom! Ohne den Spiegel da draußen würdest du die wohl aufregendsten Dinge in deinem Leben verpassen. Das Ding war das RTL II der Nachkriegszeit!

Weitere wichtige Erfindungen wären zudem das Taubenzuchtvereinswesen, der Gastarbeiter, staubige Vitrinen mit noch staubigeren *Leonardo-Gläsern* darin, die Vokuhila, das Herrengedeck, der Mantateller, der Gartenzwerg, das HB-Männchen, Feinrippunterwäsche mit Eingriff, das Freibad, die Flak, die Haubitze und das U-Boot aus echtem Krupp-Stahl, Grillen mit Acrylamid und anderen giftigen Stoffen, das Rad, die Spreewaldgurke (nicht) und Tsatsiki aus dem Plastikeimer mit wiederverschließbarem Deckel. Überhaupt Soßen aus dem Eimer. Die gehören zum besonders wichtigen Kulturgut. Zigeunersoße, Jägersoße, Ketchup, Senf, Mayo. Alles aus´m Eimer in der Pommesbude, die wir selbstverständlich erfunden haben. Pommesbude ist, wenn du dem Gastarbeiter den Job wegrationalisierst, nachdem er seine Heimat verlassen und sich für ein fremdes Land den Arsch aufgerissen hat und ihn danach beiläufig mit Acrylamid bekannt machst. Schon entsteht die Fritten- oder Fettschmiede, der Grilltempel oder die Rapsöl-Akropolis. Konkret hat sich die Sache mit den Eimersoßen übrigens Helena vom Gyrosgrill, bei mir zu Hause um die Ecke, an der Breslauer Straße in Essen-Frohnhausen ausgedacht. Wenn du einmal Tsatsiki aus´m Eimer hattest, kommst du nicht mehr davon weg. Vieles davon mag Mumpitz sein und Helena gibt´s gar nicht, aber es passt einfach so gut in meine nostalgische Stimmung.

Im Ruhrgebiet weiß jeder bei der Frage nach dem nächsten Nagelstudio, dass du nicht da hin willst, wo man dir die Krallen feilt, sondern allenfalls dahin, wo man das Einhorn zum Lächeln bringt. Man ist gradlinig und spricht dieselbe Sprache, egal wer du bist, woran du glaubst, auf welches Geschlecht du stehst oder woher du kommst. Du sitzt mit allen anderen im gleichen Boot. So ist das im Ruhrgebiet. Zumindest war es so. Damals.

Es gibt jedoch eines, das mich in der Tat als echtes Ruhrgebietskind kennzeichnet: Ich hatte eine Ruhrgebiets-Ommma. Ja, im Ruhrgebiet schreibt diese sich mit drei *m*, das ist völlig richtig. Und deshalb haben die Ommma nur echte Ruhri-Kinder. Und es ist genau jene Ommma, die einfach einzigartig ist, weshalb ich diese Zeilen meiner Ommma und allen Ruhrgebiets-Ommmas da draußen widmen möchte.

Doch was zeichnet sie aus, die *Ruhrgebietsommma*? In den Augen eines Vierjährigen fällt die Beschreibung vielleicht etwas grob aus. Aber Inhaltsangaben sollen ja auch grob sein. Zunächst einmal trägt die Rurgebiets-Ommma einen dieser ärmellosen Haushaltskittel. Der kann wahlweise einfarbig, blau, altrosa oder geblümt sein. Soweit ich weiß, trägt sie ihn mit Ausnahme von externen Aktivitäten und offiziellen Anlässen, wie Beerdigungen oder an Geburtstagen, immer. Auch beim Schlafen und Schwimmen. Beim Schwimmen aber als Badehaube, die dann aussieht, wie ein Turban.

Ist ja auch egal. So hat sie diesen Kittel an, während sie morgens um sechs, also in aller Herrgottsfrüh Filterkaffee kocht, der sogleich in eine Thermoskanne umzufüllen und auf den mit einer Wachsdecke abgedeckten und in der Höhe verstellbaren Fliesentisch der Marke *Eiche rustikal* zu stellen ist.

07:00 Uhr. Es ist nun Zeit für Frühstück. Der erste Glimmstengel der Marke R1 wird entzündet und dabei ein Blick in die Bildzeitung riskiert. Seriöser Journalismus und aktuelle Nachrichten sind der Ommma wichtig.

08:00 Uhr. Eine halbe Schachtel Kippen ist in Rauch aufgegangen und hat sich geschmeidig in den bereits vorhandenen Gilb der Raufasertapete integriert. Ich prüfe das immer ganz gern, indem ich Bilder von der Wand abnehme, um darunter zu schauen, wo die sich unberührte, weiße Tapete befindet. Das passt Ommma allerdings nicht. Wahrscheinlich, weil es ihr zeigt, dass sie mehr quarzt als das Schwarzwälder Holzmännchen mit der Pfeife aus der Weihnachtsdeko. Wobei man im Ruhrgebiet stattdessen ja eher einen Miniatur-Hochofen aufstellt. Auch egal. Zeit, *Mittach* zu machen.

11:30 Uhr. *Mittach is feddich*. Es gibt Kartoffeln und Kohlrabi mit *holländischer Soße*, wie Ommma sie nennt. Und Frikadüsen. Alles mit ordentlich *gotte Botter*. Schmeckt ja sonst nicht. Der Sud der Frikos wird über die Erdäpfel und in die Kohlrabi gegossen. Schließlich sollen auch die nahrhaft sein. Wichtig bei den Kartoffeln: Es müssen die jungen aus Holland sein, denn da sitzen ja schließlich die meisten *Fitamine* drin. Ja, die Vitamine spricht Ommma mit F aus. Warum, das weiß ich aber nicht. Und auch nicht, ob irgendein Labor bereits nachgewiesen hat, dass in jungen Kartoffeln aus Holland besonders viel Vitamin C steckt. Ob Vitamine sitzen können?

»Die anderen schmecken nicht«, sagt sie obendrein immer.

Und damit hat sie auf jeden Fall Recht, egal ob ein Vitamin einen Arsch hat, auf dem es sitzen kann oder nicht. Auch ohne Labor. Und so richtig gut schmeckt es ohnehin erst, wenn man von Ommmas Ess-Geschirr mit Rosendekor isst. Das bekommt sie aus Holland. Weil sie Punkte sammelt. Bei jedem Einkauf. Wie auch immer: Wer hungrig von Ommmas Tisch aufsteht, ist jedenfalls selber schuld.

12:00 Uhr. Mittach erledigt, Zeit für eine Zigarette und einen Kaffee aus der Kanne. Prima, dass der noch warm ist. Gute Thermoskanne. Auf die kommt´s an. Schmeckt ja sonst nicht.

12:30 Uhr. A40 Richtung Duisburg. Aufbruch nach Holland. Genauer gesagt nach Venlo. Die Anschnallpflicht kennt man noch nicht, sodass ich zwischen Fahrer- und Beifahrersitz stehend, bei einhundertvierzig Sachen, einen exzellenten Ausblick auf die Autobahn genießen kann. Mit der Klorolle auf der Hutablage, gleich neben dem Wackeldackel, sind wir für alle Eventualitäten gewappnet.

Wie in jeder Woche geht es zum Einkauf von Zigaretten und Kaffee. *Bei die zwei Brüder von Venlo*, wie Ommma immer sagt. Da ist das Zeug offenbar besonders gut. Und Sammelpunkte für Essgeschirr gibt es ebenfalls. Nach gefühlten zweieinhalbtausend Einkäufen bekommt Ommma den nächsten Teller. Oder eine Kaffeetasse. Kann sie sich aussuchen. Das ist sowas wie das Payback der Vorzeit. Nur auf Papier.

Gut, dass am Marktplatz, vor einem Stand, wie in jeder Woche, das Schild aufgestellt wurde. *Onkel Klaus hat die dicksten Eier von Venlo*, steht da geschrieben. Die darf man sich nicht entgehen lassen. Onkel Klaus hat nicht nur die dicksten Eier, er hat auch die besten. Hat Ommma gesagt. Es werden zwanzig dicke Qualitätseier gekauft und bar in niederländischen Gulden bezahlt.

15:30 Uhr. Rückweg nach Essen mit einigen Stangen Zigaretten und kiloweise Kaffee im Gepäck. Ich weiß nicht, ob das erlaubt ist, aber Ommma scheint mich hinsichtlich der erlaubten Tabakeinfuhrmenge als Raucher zu deklarieren. Mir ist es aber egal. Hauptsache der Farbunterschied der Tapete neben und unter dem Bilderrahmen wird deutlicher. Und die Schweißperlen auf Ommmas Stirn, wenn wir langsam am Zöllner an der Grenze vorbeifahren, finde ich ebenso lustig. Erst mal ne Zigarette im Auto. Also nicht ich. Ich bin ja erst vier. Ommma raucht aktiv, ich passiv auf meinem Platz zwischen den Sitzen, mit direktem Blick auf den überfüllten Aschenbecher. Das können wir brauchen, nach dem Grenzabenteuer. Wer benötigt Schwerindustrie, wenn er Ommma hat?

Auf dem Rückweg, kurz nach der Grenze, hält Ommma aber immer noch beim Bauern. Kartoffeln kaufen und Kühe streicheln. Die ganz Jungen. Schmeckt ja sonst nicht. Also die Kartoffeln, nicht die Kühe. Die werden nur gestreichelt. Bevor es zurück nach Essen geht, wird noch ein wenig mit Johanna, der Bäuerin, bei einem Kaffee und einer Zigarette gequatscht. Auch das gehört zum festen Ablauf. Das macht allerdings nichts, denn ich habe ja die Kühe.

17:00 Uhr. Ankunft in Essen. Ach Gottchen! Beinahe Zeit fürs Abendessen. Erst mal ne Tasse Kaffee auf den Schreck. Der ist ja glücklicherweise noch warm.

»Gute Kanne«, sagt Ommma.

20:00 Uhr. Tagesschau gucken. Dazu Tomatenbrot mit ordentlich *gotte Botter* und Zwiebeln, wahlweise daumendicke Schmalzstulle. Schmeckt ja sonst nicht. Jetzt aber erst eine rauchen, während die riesigen Lockenwickler in den Haaren, mit irgendeinem stinkenden Zeug darauf *einwirken*. Ich habe keine Ahnung, wie die da so schnell reingekommen sind und was das für ein Zeug ist. Auch nicht, wie sie die je wieder herausbekommen will. Das ist aber nicht wichtig.

20:15 Uhr. Häkeln, bevorzugt Tischdecken. Eine Masche aufnehmen, eine Masche fallen lassen. Ich weiß nicht, was sie da macht. Sicher ist: Dabei entstehen Häkelmuster, die Aussehen, wie die Gardine am Fenster. Oder wie der Spitzenschlüppi, den die junge Nachbarin trägt. Die hat nämlich keine Gardinen. Deshalb weiß ich, dass ihre Schlüppis wie Gardinen oder eben Ommmas Häkeldecken aussehen. Allerdings sind die aus sehr dünnem Stoff, sodass man hindurchsehen kann. Das kann doch nix warmhalten. So viele Löcher. Die friert doch!

Egal, ist ja Sommer.

Häkeln kann Ommma jedenfalls in einem Affenzahn. Auch blind. Die muss da nicht hingucken. Nur Maschen mitzählen tut sie, während sie den Krimi im Fernsehen schaut. Ich weiß nicht, was sie mit all diesen gehäkelten Decken macht – Ebay gibt´s ja noch nicht. Das ist mir ein Rätsel. Wir haben sie unterm Telefon mit Wählscheibe, auf dem Schlüsseltisch, auf der Fensterbank, dem Schrank, einfach überall. Als wollte sie den Weltmarkt beliefern. Was macht sie noch damit?

Vielleicht sind es keine Tischdecken, sondern Eierwärmer. Trotz der Löcher. Ist immerhin Wolle. Vielleicht wärmt Onkel Klaus aus Venlo damit seine Eier. Die sind ja schließlich die dicksten von Venlo. Da braucht er sicherlich auch eine Sondergröße bei den Eierwärmern. Ich weiß es nicht. Nur, dass er wahrlich dicke Eier hat. Und wenn die Deckchen seine Eier warmhalten ... Ich nehme eine der gehäkelten Deckchen, gehe damit eine Haustür weiter, klingle und gebe sie mit einem mitfühlenden Blick und den Worten »Von Ommma für den Winter. An die Mumu zum Warmhalten«, der Nachbarin, die mit fragendem Blick die Tür geöffnet hat und auf mich herabblickt. Vielleicht vermag ich sie auf diese Weise vor einer Blasenentzündung zu schützen. Ich fühle mich gut dabei, zwar im weitesten Sinne gestohlen, und dennoch etwas Gutes getan zu haben. Wie Robin Hood. Nur anders. Irgendwie.

Hastig schlägt sie die Tür wieder zu. Sie scheint sich zu freuen und die Decke ausprobieren zu wollen. Diese Freude ist mir genug, Dank brauche ich nicht. Wie Robin Hood.

21:00 Uhr. Ich darf noch wach bleiben und mir jeden Krimi mitanschauen, den ich will. Bei Ommma darf ich das. Wie fast alles. Ich darf sagen, fragen und beinahe alles tun. Es ist ein kleines Paradies bei Ommma. Gemeinsam schauen wir zu, wie die Nachbarin große Vorhänge an den Fenstern anbringt. Schade irgendwie. Findet auch Ommma. Fortan bleibt nur noch der LKW-Spiegel für die morgendliche Unterhaltung.

Eigentlich ist es das, was die Ruhrgebiets-Ommma mit all ihren kleinen Skurrilitäten ausmacht. Sie hat das größte Herz und Verständnis, das man nur haben kann. Du kannst mit ihr über alles reden, egal was du ausgefressen hast. Über Mama, die Schule, über Onkel Klaus und seine Eier, über Außerirdische und sogar über den Tod. Deine Ommma versteht dich und hat die allermeiste Geduld in jeglicher Lebenslage. Sie ist nun mal deine Ommma. Selbst wenn sie gar nicht aus dem Ruhrgebiet, sondern aus irgendeiner anderen Ecke der Welt kommt. Es ist einfach die Ommma oder der Opppa oder ganz einfach dein allerbester Freund.

#Metoo

Nun gehst du schon mal regelmäßig und frohen Mutes ins städtische Hallenbad, um die über die Jahre angefressenen Pfunde zu bekämpfen. Ja, es ist die Wahrheit und man nennt es *Motivation*! Über Wochen mache ich das nun schon. Morgens, gleich nachdem die unförmige Dame von der Schwimmbadkasse die Türen aufschließt. Kaum zu glauben, dass ich um 6 Uhr in der Früh überhaupt schon geschäfts-, beziehungsweise seetüchtig bin, aber ich tue es. Wirklich und regelmäßig! Ich bin von Stolz erfüllt.

So auch an diesem wundervollen Mittwochmorgen, bei Temperaturen, die allenfalls einer Seemöwe als adäquat für eine solch selbstmörderische Aktion erscheinen mögen. Von nichts kommt ja bekanntlich nichts, weshalb ich mich, flink wie eine Flunder, in die viel zu enge Neoprenkombi zwänge, um mich bald darauf in die für meine Verhältnisse geradezu arktischen Fluten des Schwimmbads zu stürzen und eifrig das zu tun, was sonst nur Rentner um diese Zeit tun: Sie nennen es *Bahnenziehen*. Ich nenne es: *Kaffeeklatsch im Pool*, nebst Plausch über lebensgefährliche Krankheiten. Sie plantschen und quatschen, während ich im Slalom um sie herumschwimme, als würde ich für den Super-G nach der vollständigen Schmelze der Polkappen trainieren. Die Flunder ist heute so richtig in Fahrt!

Fünfundvierzig Minuten später: Pamela Anderson in Baywatch ist ´ne Lachnummer gegen mich. Ich fühle mich gestählt. Bahn um Bahn, Rentner um Rentner habe ich hinter mir gelassen. Meiner Muskulatur ist nun sonnenklar, dass ihr durchaus noch eine Daseinsberechtigung auf diesem Planeten innewohnt. Klimawandel hin oder her: Wenn das weiter so läuft, rennen wir bald ohnehin alle bauchfrei ins Büro.

An einem solchen Gedanken macht mich allerdings die Tatsache nervös, dass meine eigene Körbchengröße leider durchaus noch mit jener von Frau Anderson mithalten kann. Sei´s drum, an den Olympischen Spielen nehme ich dann halt später teil. Schließlich brauche auch ich Ecken und Kanten, um von der Welt gemocht zu werden. So ist es doch, oder? Den aalglatten *Mr. Perfect* braucht kein Mensch. Ecken und Kanten müssen es sein! Dass meine Brüste dummerweise nicht kantig sind, ist an dieser Stelle vernachlässigbar. Wir reden von metaphorischen Kanten. Irgendwie mag mich ein Teil dieser Welt nämlich trotzdem, wie sich sogleich noch zeigen soll. Wenn auch ein sehr, sehr alter Teil der Welt.

Was tut man also, wenn man gestählt aus dem Becken der Qualen steigt? Sehr richtig: Man verschwindet in der Dusche, um sich dort zurück in einen gesellschaftsfähigen Menschen zu verwandeln. Das tut man natürlich nicht einfach so. Nein, zunächst schält man sich aus der viel zu engen Neoprenkombi, stellt fest, dass Enge und Kälte anderswo ebenfalls ihre diabolische Macht ausgespielt haben, und genießt eine heiße Dusche, die all diese demütigenden Blessuren zu richten vermag. Ein bisschen Schaum hier, ein wenig heißes Wasser dort: alles gut! Natürlich grüßt du auch den Rentner, der zwei Duschen weiter vor sich hin schäumt, mit einem souveränen und ausgeschlafenen »Moin!«. So muss das sein unter echten *Sportlern*. Kollegialität und Teamgeist werden hier großgeschrieben!

Das war´s aber auch schon, was dieser Morgen mit Normalität zu tun hat. So erwidert dieser Rentner, der sich dort drüben beregnen lässt doch: »Findisch jut. Du wäscht dich vernünftich ... Die anderen kriegen de Buchse ja nicht runter.«

»Momentchen mal«, denkst du noch optimistisch. »Was hat der Gutste mit den Badehosen anderer Mitduscher am Hut? Naja, egal.«

»Jop«, antworte ich noch in der Hoffnung, nicht in weitere Gespräche verwickelt zu werden. Noch während ich mit eingeschäumtem Gesicht und geschlossenen Augen, das Haupt gen Duschkopf reckend, darüber sinniere, was wohl die Intention des ominösen Satzes gewesen sein mag, kitzelt es mich. Es kitzelt mich da, wo ich mich so plakativ und im Angesicht des befremdlichen Mitduschers nicht kratzen mag, um nicht erneut Gegenstand eines weiteren Gesprächsversuchs zu werden.

»Moment mal, das ist kein Kitzeln. Da muss was sein! Es ist wohl Zeit, einmal nachzuschauen, ob sich nicht doch ein

Piranha in meine Neoprenkombi verirrt und sich am heiligen Bimbam festgebissen hat«, geht es mir durch den Kopf.

Zugegebenermaßen ist das in einem Schwimmbad, mitten in Mitteleuropa ein recht unwahrscheinlicher Fall, doch angesichts der Signale, die meine Nervenenden da an mein Hirn senden, ist mir das eine eingehende Überprüfung doch irgendwie wert.

»Ob noch alles da ist? Was tu ich, wenn nicht? Schwimme ich in diesem Falle in Zukunft noch schneller? Werde ich Schwierigkeiten haben, einen exakten Kurs zu halten, wenn die Finne gebrochen ist? Ich weiß es nicht«, frage ich mich. Es ist vermutlich jetzt nicht der Moment, sich solche Gedanken zu machen, denn noch während ich mir die Fragen stelle, die Seife aus meinen Augen wasche, sie öffne und wie in Zeitlupe an mir herunterschauen möchte, nehme ich direkt neben mir den breit lächelnden Mitsportler wahr.

Mich noch immer fragend, auf welcher Zaubererschule er wohl gewesen sein mag, dass er ohne jegliches *PiffPaff* und ohne den zugehörigen Rauch für einen solchen Trick, plötzlich neben mir stehen kann, schweift mein Blick weiter in die unteren Regionen meines stählernen Körpers.

»Was zum Henker ist das?«, schießt es mir durch den Kopf, als ich an jener Stelle, an der sich bisher der *Heilige Bimbam*, der *Hulk*, die *Finne* oder auch *Excalibur* befand, nun eine graue, knochige Hand gewachsen war. »Moment mal!«, rufe ich innerlich aus. »Die ist da nicht gewachsen. Die gehört der halbtoten Grinsekatze da neben mir. Nun weiß ich auch, warum der sich so freut! An seiner Stelle würde ich mich wohl auch freuen. Passiert das gerade echt?«

Sekunden werden zu gefühlten Minuten. Was hier innerhalb eines Wimpernschlags passiert, wirkt auf mich derart lang, als wäre ich in einer Zeitanomalie gefangen. Das muss mir jedoch egal sein. Nun ist es Zeit für mich, mit Bedacht und Augenmaß in Aktion zu treten. Somit nehme ich die kalte, schlecht durchblutete Flosse dieses Zombie-Herings, schiebe sie sanft zur Seite und sage leise und mit tiefer Stimme: »Nur gucken, nicht anfassen. Bitte.«

Nicht anfassen? *Bitte?!* Ist das alles, was mir dazu einfällt? In der Tat, ich weiß derweil nicht, was ich noch sagen sollte. Das kommt selten vor, heute ist es jedoch nicht die einzige Premiere.

»Ist doch nur Spaß!«, sagt der Zombi-Hering, kurz bevor ich abermals an mir herunterschaue. Wieder erblicke ich eine knochige Flosse an jener Stelle, an der sonst nur eine deutlich ansprechendere zwischenmenschliche Kommunikation erlaubt sein sollte.

Gandalf hat tatsächlich nochmals zugeschlagen und ich hatte mich insgeheim ohnehin gefragt, ob dieser langhaarige Stabträger aus dem Herrn der Ringe wohl irgendwann einmal mit einer Frau verheiratet gewesen war.

»Nicht anfassen, Freund, ich könnte ungehalten werden!«, sage ich diesmal energischer, begleitet von einer wegschiebenden und mich kugelfischartig aufplusternden Geste in

Richtung des Zombies. Zugegebenermaßen kommen mir hierbei meine Brüste zugute.

»Soll ich ihn ins Jenseits befördern? Es ist niemand sonst hier. Den Zauberstab, aus dem sonst Blitze schießen, scheint er nicht dabei zu haben. Die Gelegenheit wäre also günstig.« Ich kalkuliere: »Bricht er sich dabei den Hals, ist alle meine Freude über die Auslöschung Gandalfs im Zweifel vergebens und ich bekomme auch noch Ärger.«

Kühl, sowie professionell abwägend, belasse ich es bei einer Verbalattacke:

»Verschwinde, bevor ich böse werde!«, schleudere ich dem Zombie entschlossen entgegen, der es sich nicht zweimal sagen lässt und mit den Worten »Ist doch nur Spaß«, gen Schwimmbad entweicht.

»Ist das etwa wirklich passiert? Habe ich da etwas falsch verstanden? Ist das hier ein Fake mit der versteckten Kamera? Egal, ich werde es nicht ändern können«, denke ich, dusche abermals und ziehe mich um.

»Spinn ich? Ist das wirklich passiert? Macht der das auch bei kleinen Jungs?«, durchfährt es mich wenig später abermals in der Kabine.

Es ist nun wohl meine Bürgerpflicht, zumindest die unförmige Dame an der Schwimmbadkasse über mein kleines Abenteuer in der Dusche in Kenntnis zu setzen, sobald ich mich angezogen habe. Das sollte reichen, damit der Zombi-Hering unter Beobachtung gestellt wird.

»Die lacht sich tot«, denke ich noch. Aber gesagt, getan: Ich petze an der Kasse. Nur ist das Ergebnis nicht unbedingt jenes, das ich mir eben ausgemalt hatte ...

Nein, die Dame ist entsetzt und der Meinung, sogleich die Kavallerie antraben lassen zu müssen, die keine fünf Minuten später, in Form einer weiblichen und eines männlichen Vertreters des hiesigen Polizeivereins, eintrifft. Auch hier erkläre ich aufgeschlossen meine Erfahrungen mit dem ergrauten Zauberer der letzten Minuten, bevor ich die Kollegen ins Schwimmbad begleiten darf, um den Hering aus dem Becken zu angeln. Noch während ich erschrocken darüber nachdenke, keinerlei Beleg für meine kühnen Behauptungen zu haben und damit vielleicht innerhalb kürzester Zeit als recht unglaubwürdig dazustehen, schwimmt der Zombie auf die mitgereiste Polizistin zu, um ihr ohne jegliche Ansprache die Worte »War doch nur Spaß«, entgegenzuschleudern.

»Na, ich würde mal sagen, meine Behauptungen bestätigen sich wohl gerade von selbst«, sage ich noch grinsend zur uniformierten Beamtin. Vielen Dank, Gandalf!

Ich bin etwas verwundert. Die eben noch so sachlich wirkende Polizistin, nimmt nun Worte wie *pervers* und *ekelhaft* in den Mund. Die ist auf hundertachtzig! Sollte nicht ich derjenige sein, der auf hundertachtzig ist?

»Nun ja, wenn sie den Job des Drachentöters übernehmen will, soll sie es gern tun«, flüstert es in mir.

Ich muss den Typen also gar nicht belangen. Schließlich wird er von der Ordnungsmacht vor meinen Augen zusammengefaltet, wie ein Schulkind von der Mutter, weil es zu spät zu Hause war. Aber was macht er da? Er schaut mich erneut an und lächelt:

»Aber ein bisschen hat´s dir doch auch gefallen, oder?«

Ok, jetzt bin ich überzeugt, wie die Mutti auf der Thermomixparty. Zeig ich ihn halt doch an, kost´ ja nix!

***

Zwei Wochen später. Ich finde mich in einem Büro bei der Kriminalpolizei wieder, um meine Zeugenaussage gegen den Zombiehering zu Protokoll zu bringen. Eigentlich wäre das nun keine sehr unangenehme Situation für mich. Es geht ja lediglich darum zu berichten, was ich inzwischen schon gefühlte einhundert Mal dem Anwalt, meinen Freunden und der Familie erzählt habe. Immerhin habe ich bereits jetzt mit der Story die Lacher eines jeden Stammtischs auf meiner Seite!

Die Tür öffnet sich. Herein kommt eine Polizistin in *zivil*. Sie ist blond, hat blaue Augen, trägt natürlich eine Waffe. Das ist wie im Fernsehen. Fast wie Pamela. Sie hat nur mehr an als Pam. Das kann nicht wahr sein.

Also ... nicht, dass sie etwas an hat. Ich will ja niemandem zu nahetreten, aber wo ist die versteckte Kamera? Diese junge Frau könnte tatsächlich aus Baywatch stammen! Was ist das hier alles? Ich höre schon die Titelmelodie, summe sie im Kopf mit und sehe mich mit der Schönheit, die mir da gegenübersteht und mir freundlich die Hand schüttelt, in Zeitlupe über den Strand rennen, während uns unser beider Brüste in Zeitlupe in regelmäßigen Abständen unters Kinn schlagen. Ich entfliehe dem Traum rasch. Genau diese Frau setzt sich vor mich, um mit einem unterdrückten Lächeln Fragen zu stellen, die sich anhören wie:

»Herr Mette, wie hat er sie angefasst? Würden sie mir das einmal an diesem Stift zeigen?«

»Herr Mette, was haben sie dabei gespürt? War das schmerzhaft für Sie?«

»Herr Mette, leiden Sie unter dieser Situation?«

»Herr Mette, hat er ihnen etwas eingeführt?«

Wie bitte? Freunde, das könnt ihr doch nicht ernsthaft machen! Ihr setzt mich vor eine Frau, die einer Fernsehserie entsprungen sein könnte und lasst sie mir solche Fragen stellen? Glücklicherweise scheint sie es genauso amüsant zu finden, wie ich diese Situation als völlig grotesk empfinde, auch wenn sie es offenbar nicht sagen darf. Sie tut halt ihren Job und ich den meinen. Die Details erspare ich mir hier. Heilige Bürokratie!

Nun ja, dieses kleine Erlebnis wird mir eine außergerichtliche Einigung mit einem stadtbekannten Unternehmer und einen nicht unwesentlichen Geldbetrag einbringen. Mein Anwalt zeigt mir noch heute eine Geste, die dem Zug an einem herunterhängenden Seil gleicht, wenn er mir begegnet. Der Advokat muss sich eben auch einmal freuen dürfen, während ich endlich behaupten kann, irgendwann in meinem Leben einmal mit Nacktheit und sportlicher Aktivität Geld verdient zu haben. Ganz so, wie Pam.

Peppa

Der Hund sei der beste Freund des Menschen, so sagt man. Oder: *Das letzte Kind hat Fell.* Ich bin kein Freund davon, ein Haustier zu behandeln, wie einen Menschen. Das wird beiden Seiten nicht gerecht. Ein Kind hat die Bedürfnisse eines Kindes. Ein Hund die eines Hundes. Basta.

Und dennoch, es ist wahrlich so. Man schließt die kleinen, riechenden und meistens schmutzigen Racker einfach ins Herz. Mit all ihren Fehlern. Sie denken sich stets etwas Neues aus, um deinen Alltag ins Wanken zu bringen. Sie sind wissbegierig, wollen Teil von allem sein, was du tust. Sie machen Dreck und Unordnung im ganzen Haus, versiffen das Auto. Sie bereiten dir schlaflose Nächte, kriechen mitten in der Nacht unter deine Bettdecke, furzen und kotzen, wo sie gehen und stehen. Sie schränken deine Urlaubsmöglichkeiten ein und sie kosten dich ein Leben lang eine ganze Stange Geld. Trotzdem haben sie diesen Platz in deinem Herzen.

Kommen wir aber zurück zu den Tieren. Hier ist es genauso. Auch ein Hund kann einen Schleicher lassen, der dir die Zähne stumpf werden lässt und dich dabei völlig unschuldig angucken. Aber: Sie geben dir auch sehr viel zurück für deine Entbehrungen. Meine Hündin Peppa beispielsweise, erinnert mich täglich auf die liebevollste Weise daran, dass es okay ist, Haare auf dem Rücken zu haben. Einfach indem sie da ist.

Tiefen inneren Frieden verspüre ich obendrein, wenn ich den debilen Blick meines Hundes, im morgendlichen Dunst des Waldes – nicht des Hundes – bei der Verrichtung des großen Geschäfts erblicke. Wenn das Vieh nicht exakt in diesem Moment, Morgen für Morgen, Erleuchtung erfährt, dann weiß ich auch nicht. Es ist ein Moment, in dem sie eins zu werden scheint mit dem Universum.

Ich beneide sie darum.

Stets frage ich mich, ob ich wohl ähnlich dreinschaue, während ich morgens auf der Schüssel throne. Außer Frage steht, dass es mir nicht möglich wäre, würde ich irgendwo im Wald hocken und jemand neben mir stehen, während ich mich auf das Universum konzentriere. Aber glücklicherweise muss ich das ja nicht, denn ich habe mein Heiligstes. Mein heimisches Bad. Es geht also nur noch um den debilen, leeren, geradezu genießerischen Blick – und um die Frage der Erleuchtung. Ich sinnierte oft darüber nach, bis zu diesem Tag, an dem ich versuchte, mir die Frage der Fragen, um acht Uhr am Morgen, mit einem Handspiegel zu beantworten. Würde ich diesen Grad der Erleuchtung auch in meinen Augen erspähen können, während ich ...?

Vorab galt es jedoch, diese Mission gründlich zu planen, denn wenn es eilt, dann eilt es nun einmal. Da wäre keine Zeit mehr, die notwendigen Utensilien zusammenzusuchen, weshalb ich mir den Spiegel, das Werkzeug zur Erkundung des eigenen Antlitzes, schon am Vorabend bereitgelegt hatte.

Leider, so muss ich berichten, kann ich der Welt jedoch nicht mit der Lösung der Frage dienlich sein, da ich nun weiß, dass mich in einer solchen Situation ein Zustand zwischen Ektase und Ohnmacht ereilt und ich nicht in der Lage bin, einen Handspiegel fest mit den Fingern zu umschließen, geschweige denn einen Blick hineinzuwerfen. Und so begab es sich, dass mir der Handspiegel der Erleuchtung in einem Schlüsselmoment entglitt.

Was soll ich sagen ... sieben Jahre Pech.

So ist das eben. Es sei mir verziehen, schließlich durchlebt nicht jeder allmorgendlich die Strapazen einer Geburt. Mit Erleuchtung und dem Universum hat es jedenfalls nichts gemein, wie es scheint.

Doch gibt es noch die anderen, diese wohligen und romantischen Szenen. Selbstverständlich spreche ich nicht von jenen des Donnerbalkens, wenngleich ich dort durchaus schöne Momente zu verleben vermag, sondern von jenen, die das geliebte Tier betreffen. Was wäre mein Abend, könnte ich nicht meinen Hund synchronisieren. So passiert es allabendlich, dass sich der haarige Vierbeiner danieder legt, um sich von einem harten Hundetag zu erholen. Sie streckt sich, lässt den Kopf fallen und schmiegt sich sogleich an das nächstgelegene Kissen. Die Augen schließen sich sehr langsam, begleitet von einem tiefen Atemzug, der episch genug erscheint, als könne es der letzte dieser Art sein. Glücklicherweise ist er es nicht. Es ist gar eine Wonne für jedes Herrchen, dieses Tierwohl beobachten zu dürfen. Noch dazu ist das mein

Moment. Es ist der Moment, in dem eine virtuelle Gedankenblase in meiner Phantasie, direkt über dem Kopf des Tiers aufpoppt, die ich mit den laut gesprochenen und im Tonfall meiner Großeltern klingenden Worten versehe:

»Ach Erna, isch kann net mehr. Ich muss ... Ich muss pennen.« Das Tier schließt die Augen. Es schläft nun friedlich.

Ich synchronisiere meinen Hund in den verschiedensten Situationen. Auch beim bereits erwähnten, großen Geschäft. Ich weise hier keinen Fetisch auf oder sowas. Aber so viel Außergewöhnliches tut ein Hund ja nun mal nicht. Der malt keine Bilder. Meiner holt nicht mal Stöckchen. Die frisst, pennt, rennt und kackt. Das ist ihr Leben, ihr Job sozusagen. Dieser stetige Lebenswandel des Tiers macht Kacken also geradezu zu einem Höhepunkt eines jeden Hundetages. Ich hatte das Bedürfnis, das noch schnell zu erklären.

Zurück zum Thema. Die Synchronisation stummer Fellnasen: Der debile Blick während des Vorgangs der Darmentleerung lädt mich einfach geradezu dazu ein zu sagen »Boooooaaaahh ... Booooaaaaah ... Jetzt ... Jetzt! Jetzt is jooot.«

So mancher mag denken, mir müsse das doch peinlich sein. Dazu kann ich sagen, dass die morgendliche Runde mit dem Hund in unserem Revier eine sehr einsame ist. Lediglich Fuchs, Dachs und Reh sind in unserer Nähe, wenn wir durch die noch mit Nebelschwaden durchzogenen Wälder streifen. Reinecke und Grimbart zumindest, stört es nicht, wenn ich wild gestikulierend, theatralische Reden schwinge, während ich dem Hund bei der Landgewinnung zuschaue. Ich würde das sonst nicht tun. Auch nicht aus Rücksicht auf den Hund, dessen Persönlichkeitsrechte ich nicht in aller Öffentlichkeit mit Füßen treten wollen würde. Wahrlich nicht.

Eigentlich mache ich das auch nicht mehr, seit diesem Tag, an dem Tina, meine Nachbarin von nebenan mit ihrem Hund ebenfalls, von mir unbemerkt, durch die Wälder des Nordens geisterte und just hinter uns stand, während ich den Hund mit »Jetzt! Et kütt! Ein Everest, dunkle Materie, neues Land ist gebooooooren!«, synchronisierte. Es war kein schöner Moment, als in mich fuhr, dass ich und das Tier den Wald nicht nur mit den anderen Tieren teilten. Fortan hatte ich nicht viel zu meiner Rechtfertigung zu sagen, außer: »Moin ... Ich habe nicht lauthals *Ja fein!* gerufen, nur weil der Köter tut, was er ohnehin tut, oder?«

»Ist richtig. Ach, Mette«, erwiderte sie kurz, bevor sie wieder in den nebligen Wäldern verschwand, als würde sie nicht auch ihren Hund bei der Landgewinnung synchronisieren. Macht doch jeder!

Ja, ich gebe es zu: Ich spreche mit meinem Hund. Sie antwortet mir nicht, aber ich spreche mit ihr. Ich vermenschliche sie nicht. Sie ist ein Hund. Aber ich spreche mit ihr. Ich bin dabei nicht wie eine Oma, die ihr Tier vergöttert. In meinem Fall ist es etwas anders. Peppa muss sich sogar allerlei gemeines Zeug, wie »Kotzt du mir auf die Couch, kommst du ins Tierheim«, »Im nächsten Winter bist du ein Schal«, oder »Werden wir von China annektiert, esse ich dich«, von mir anhören. Aber sie trägt es mit Fassung. Sie trug es auch mit Fassung, als ich ihr angelastet habe, durch ihre riesigen Haufen für den globalen Klimawandel und das Waldsterben verantwortlich zu sein. Natürlich stimmt das nicht, das weiß ich.

Aber sie trägt es mit Fassung, mir verschafft es innere Entlastung und daher stelle ich ihr auch weiterhin Futter hin und habe sie einfach schrecklich lieb. Ich glaube, Biologen nennen so etwas *Symbiose*. Wir sind einfach füreinander da und haben beide etwas davon.

Und so mag ich es nicht, wenn es diesem laufenden Pelz schlecht geht. Wie an jenem frühen Morgen, an dem Peppa in eine Heftzwecke trat, die sich irgendwo im Bereich des bodentiefen Fensters, in meinem Büro auf dem Teppich verirrt hatte. Durch ein lautes Jaulen werde ich geweckt, schrecke auf. Sofort ist mir klar, dass sich das Tier verletzt haben muss. Halbnackt und eher schlecht als recht bei Bewusstsein irre ich durch´s Haus, finde Peppa im noch dunklen Büro und eile ihr zur Hilfe, um dieses unselige Objekt aus ihrer Pfote zu entfernen.

Ich knie mich auf den Boden, umschlinge und fixiere mit meinen Beinen und dem linken Arm, das vor Schmerz zappelnde Tier von hinten und ziehe mit der noch freien Hand, den Miniaturdolch aus der kleinen Pranke. Ein weiteres Jaulen, aber die Rettung ist geglückt: Der schlimmste Schmerz ist augenscheinlich vorüber. Das Tier wird ruhiger. Ich kann den anfänglichen Schreck nun ebenfalls ablegen und komme schlaftrunken zu den ersten klaren Gedanken des Tages. Wir halten kurz inne. Ich drücke ein Taschentuch auf die ein wenig blutende Wunde der Pfote, während die automatischen Rollläden des Bürofensters mit einem Brummen emporzufahren beginnen. Licht dringt in den Raum.

Am gegenüberliegenden Fenster steht Tina, die Nachbarin, um ihr Kissen aufzuschütteln. Auch sie hält inne. Wir starren uns an. Tina starrt. Peppa starrt. Ich starre. Peppa dreht den Kopf und schaut mich an. Dann schweift ihr Blick wieder zu Tina.

Mir wird klar, wie wenig ich an habe und, dass ich mich noch immer, mit einem Papiertuch in der Hand, auf Knien hinter meinem Hund befinde.

»Es ist nicht das, wonach es aussieht!«, rufe ich noch durch das geschlossene Fenster. Tina verharrt bewegungslos, ohne jeglichen Ausdruck im Gesicht, bis sie, einige Sekunden später, entschlossen fortfährt, ihr Kopfkissen aufzuschütteln. Tinas Lippenbewegung entnehme ich ein »Ach, Mette«, und irgendetwas, wie »pvrs«, ehe sie das Fenster schließt und im Haus verschwindet. Peppa signalisiert mir, dass sie nun gern in den Wald gehen würde.

Ich sehe Tina seither nur noch selten.

Das macht aber nichts, denn das ist mir die Rettungsaktion einfach wert gewesen. Peppa ist die gute Seele des Hauses und wird deshalb definitiv nicht gegessen. Ja, sie mag furzen und mich dabei ansehen. Sie verliert Haare und bisweilen verursacht sie auch anderen Dreck oder manövriert mich in fragwürdige Situationen. Vielleicht ist sie gar für den Klimawandel verantwortlich. Aber all das ist kein Grund, sie zu verspeisen. Auch dann nicht, wenn unsere Amtssprache einmal Chinesisch sein sollte.

Wir halten zusammen, wie Pech und Schwefel. Wir sind ein echtes Rudel. Irgendwie ist es tatsächlich so:

Dein letztes Kind hat Fell!

Sei wie ein Wasserbüffel

Wasserbüffel haben keine Stresshormone. Das habe ich neulich irgendwo bei Facebook gelesen. Ich habe keine Ahnung, ob´s stimmt. Aber wenn, dann geht ihnen also quasi alles am Arsch vorbei. Denen ist es egal, wer in den USA Präsident wird. Die juckt es nicht, wenn irgendein Scheich die Ölpumpe langsamer laufen lässt, um bei uns an der Tankstelle die Preistafel aussehen zu lassen, wie den Punktestand am Flipper. Nee, Wasserbüffel sind *gechilled*. Den ganzen Tag.

Für mich steht fest: Im nächsten Leben werde ich Wasserbüffel. Die sind meine Idole. Du hängst den lieben langen Tag mit den Babes im Pool ab, die Sonnenbrille locker auf den Hörnern. Du kaust auf irgendwas herum, was du am Tag davor gegessen und in Magen zwei auf Lager gelegt hast. Du guckst, was die anderen Bro´s in der Hood so machen. Sonst nix. Einfach mal blubbern lassen, den Teich. Alles easy.

»Ui, was ist das?«, denkst du. »Was treibt denn da? Ach ... Ist nur ´n Scheich mit dem Gesicht nach unten. Macht nix. Alles easy. Blubbern lassen.«

Ich werde Wasserbüffel, jawohl!

Oder Faultier. Faultier geht auch.

Ich will irgendwas sein, das es mir ermöglicht, ein Leben lang völlig entspannt zu sein. In jeder, aber auch wirklich in jeder Situation. Ich will EINS sein mit dem Universum. Unerschütterlich. Ich meine, wir kennen das doch alle:

Es gibt diese Dinge im Leben, die tatsächlich niemand leiden kann. Dabei spreche ich noch nicht einmal nur vom Klassiker unter den unangenehmen Situationen. Nämlich den, wenn du zu einem Zeitpunkt feststellst, dass das Klopapier leer ist, der der schlechteste nur denkbare Zeitpunkt ist. Der, an dem du dich fragst: »Warum? Was habe ich dem Universum getan?«

Nein, es gibt eine Menge weiterer solcher Situationen, die quasi naturgegeben sind. Sanitäre Anlagen und die Materialprozesse drum herum hat sich der Mensch ausgedacht. Selbst schuld also! Da kann weder das Universum noch der Schöpfer etwas dafür. Es gibt allerdings ebenfalls die Dinge, an denen man eben nichts zu ändern vermag, egal, welche Prozesse man sich auszudenken imstande ist.

Wenn es dich unterm´ Fuß juckt zum Beispiel. Ich finde, dass das eins der schlimmsten Dinge ist, die sich der Schöpfer ausdenken konnte, während er kichernd seine Skizzen am Schreibtisch der universellen Schöpfung kreierte. Das Gemeine daran ist doch Folgendes: Du kannst dich nicht kratzen, ohne dich zu kitzeln. Irgendein Schlauberger wird jetzt sicherlich sagen:

»Einer Studie zur Folge ist es nicht möglich, sich selbst zu kitzeln«, und ja, ich kenne diese Schlagzeile. Aber sie ist mir scheißegal! Ich bin anders als andere. Ich kann mich sehrwohl selbst kitzeln. Und ich kenne sogar diverse Leute, die sich ebenfalls nicht unterm Fuß kratzen können. Scheint so ein Ruhrgebiets-Populations-Ding zu sein. Kratzen unterm Fuß geht bei mir nicht!

In irgendeinen Eimer voller Mist musst du also treten: Entweder du drehst über kurz oder lang am Rad, weil es juckt oder du kitzelst dich selbst unter der Gefahr, dass irgendwer dich erwischt, während du dich selbst unter dem Fuß kitzelst und dich dabei halb totlachst. Ich meine, welcher Schöpfer denkt sich sowas aus?

Was ist der Sinn? Das kann doch so nicht gewollt sein. Und es kann nicht gewollt sein, dass ausgerechnet immer genau die Stelle am Rücken juckt, an die du nicht herankommst. Auch hier sehe ich den kichernden Schöpfer am Schreibtisch der universellen Schöpfung. Du kommst nicht heran, egal wie sehr du dich verbiegst.

Kennt jeder, oder?

Was machst du also? Richtig: Du trabst widerwillig zum nächsten Türrahmen, drehst dich um und schubberst auf und ab, wie der Bär am Baum im Wald. Nur, um das grässliche Jucken loszuwerden. Das ist kein von universeller Eleganz geprägter Moment. Es ist ein Akt der puren Verzweiflung, der Hilflosigkeit. Ein Moment, indem sich deine Machtlosigkeit gegenüber dem Universum offenbart. Und in diesem Moment betritt selbstverständlich jemand den Raum, der dich fragend anglotzt. Gehört dazu. Kichernder Schöpfer am Schreibtisch des Universums. Danke, Schöpfung! Wo verdammt ist der Grund?

Ich rede vom Jucken im Allgemeinen. Wozu? Ich verstehe es nicht. Und dann erschafft man auch noch diese kleinen Biester, die einen stechen. Ja doch, sollen sie Blut saugen! Warum muss es denn noch jucken, bitteschön? Ging das nicht anders im Standard-Setting des Schöpfungsbaukastens? Gab es keine Mücken ohne Juck-Funktion?

Und das ist ja nicht die einzige Gemeinheit. Nein! Die Viecher Summen auch noch in einer ganz bestimmten Tonart! Exakt ein Kilohertz: »Ssssssssssssssss!«. Es ist genau das Geräusch, das sich in dein Hirn eingebrannt hat, wenn du schon mal in einem Zelt voller Mücken, gleich neben einem stehenden Gewässer schlafen musstest. Wenn du einmal die Hauptnahrungsquelle eines ganzen Mücken-Mutterschiffes warst. Es ist genau dieses Geräusch, das dich fortan aus einer Vollnarkose aufwecken würde, um dein Überleben zu sichern.

Glücklicherweise hat man inzwischen kleine Geräte erfunden, die dir den Juckreiz nehmen, indem sie den Stich für etwa dreißig Sekunden aufheizen, um so das injizierte Juck-Gift zu neutralisieren. Du hast nun also die Wahl: Du kratzt dich blutig, oder du kochst dich selbst. Da geiert der

Schöpfer. Jede verdammte Nacht im Sommer, lacht er sich den Arsch ab!

So wie neulich: Vier Uhr in der Nacht. Ein Kilohertz: »Sssssssss«. BUMMS! Mette hellwach. Ich stelle die Ohren auf. Alarmmodus. Heute Nacht geht es ums blanke Überleben! Ich versuche, mir nichts anmerken zu lassen. Das ist jetzt, trotz der drohenden Lebensgefahr, unabdingbar, denn der Feind soll sich in Sicherheit wiegen. Da! Noch ein verräterisches Summen. Ich analysiere:

Das Tier wiegt 0,7mg, ist weiblich und hatte eine schwere Kindheit. Sie ist also wie geschaffen für ihren Job als Killer und darum nicht zu unterschätzen. Sie hat nichts zu verlieren. Sie bewegt sich Nord-Nordwestlich von mir auf etwa 3 Uhr und nähert sich.

»Das könnte meine erste und einzige Chance sein«, denke ich noch. Es gibt keinen Plan B, keinen Plan C. Es gibt nur diesen einen Plan. Wie der Blitz höchst selbst, schnelle ich hoch, betätige gleichzeitig den Lichtschalter meiner Nachttischlampe und schnappe mit der anderen Hand exakt Nord-Nordwestlich auf 03:02 Uhr zu. Zielgenau wie eine Kobra, flink wie ein Wiesel. Eiskalt. Dreinblickend wie Jean Claude van Damme in *Jean Claude van Damme, Teil 54*.

Verpoft orientiere ich mich im blendenden Licht der Nachttischlampe, zwinkere und richte mein Haupthaar. Und das Rückenhaar. Erstaunt und geradezu verwundert nehme ich wahr, dass ich das kleine Mistvieh tatsächlich erwischt habe und es sich zwischen meinem Daumen und Zeigefinger befindet. Ich habe es zu Mückenmus gemacht. Ich bin eine Maschine. Ein Terminator. Nahezu unbezwingbar und ohne Skrupel und den Hauch eines schlechten Gewissens. Ja, ich habe ein Leben genommen. Vielleicht nahm ich einer Familie die Mutter, einem Arbeitgeber eine Mitarbeiterin. Ja, das alles habe ich womöglich getan. Das geht völlig in Ordnung, denn mein Karma-Konto ist reich gefüllt: Ich habe kürzlich eine Plastiktüte mehrfach verwendet.

Ich freue mich. Sogar sehr. Und mir ist klar: Sollte mir dies noch einmal gelingen, werde ich mich mit der Nummer beim *Cirque du Soleil* bewerben.

Aus Achtung vor mir selbst, vor der Schöpfung und vor dieser filmreifen Szene zeige ich meinen Stolz aber nicht. Ich gehe davon aus, dass das Universum mir zusieht, und blicke weiterhin eiskalt drein, wie Jean Claude van Damme in *Jean Claude van Damme, Teil 54*, schnippe die Reste des Killers verachtungsvoll zu Boden, spucke noch einmal über die Bettkante hinterher und lösche regungslos das Licht, um weiterzuschlafen und zu murmeln:

»Möge sich der Staubsauger deiner annehmen, Killer. Der wahre Killer in dieser Stadt bin ich.«

»Fick dich, Universum!«, denke ich noch in der Hoffnung, dass Selbiges nicht auch meine Gedanken beobachtet.

Etwa eine Woche lang trage ich das Gefühl mit mir umher, der Schöpfung etwas entgegengesetzt zu haben. Es mag etwas Kleines, aber in meinem Rahmen sehr Wesentliches gewesen sein. Ein Statement. Eine Knospe des Widerstands gegen die Willkür der Schöpfung. Ich fühle mich gut damit und es gibt mir die Hoffnung, den Gewalten der Natur nicht gänzlich hilflos ausgeliefert zu sein.

Ich bin voller Hoffnung, just bis zu dem Zeitpunkt, in dem ich die Toilette meines Lieblingsrestaurants aufsuche, um zu tun, was ein Mann hin und wieder tun muss. Du weißt schon: *Für große Rockstars. Ballast abwerfen. In der Landgewinnung tätig sein*. Und siehe da: Da ist sie wieder, die holde Schöpfung. Sie tut, was sie tun muss. Sie hat mich ganz offenbar eine ganze Woche lang beobachtet, mich in Sicherheit gewogen, um genau jetzt zuzuschlagen. Sie erstickt meinen mühevollen Widerstand im Keim.

Ich blicke auf das wohl grausamste, was einem Mann, einem Killer, einem Titanen im Kampf gegen das Universum passieren kann. Ich blicke auf eine leere Papprolle. Ich schaue mich um, in meinem Verlies der Finsternis. Es gibt keine Ersatzrollen. Es gibt nicht einmal eine Zimmerpflanze, deren Laub ich zur Beendigung dieser unwürdigen Misere missbrauchen könnte. Ich bin verloren! Auswegsuchend blicke auf die leere Papprolle. Jemand hat sich die Mühe gemacht, sie liebevoll und rundum zu beschriften, und fand das vermutlich auch noch zum Totlachen. In verwackelten Lettern lese ich:

Wasserbüffel kennen keinen Stress. Sei wie ein Wasserbüffel. Einfach mal blubbern lassen, den Teich.

Untenrum geht immer

Wenn es darum geht, Weisheit im Leben zu erlangen oder irgendwie zu einem besseren Menschen zu werden, ist es egal, ob man nun wie bekifft in eine Kristallkugel schaut oder einem Psychotherapeuten, über Monate hinweg, eine Frikadelle ans Ohr sabbelt. Ich weiß das, denn ich habe beides getan im Leben und daher weiß ich: Die schlussendliche Handlungsempfehlung ähnelt sich bei der Inanspruchnahme beider Ratgeber gleichermaßen. Zumindest dann, wenn man die Option der *kosmischen Vorsehung* aus der Packungsbeilage der Kristallkugel außer Acht lässt. Die Empfehlung ist sogar sehr einfach, wenngleich die Umsetzung bisweilen etwas komplex zu sein vermag. Sie besagt:

Ändere deine Perspektive!

So zumindest lautet die Empfehlung implizit. Es ist eher die Essenz dessen, was dem verirrten Hilfesuchenden in vielen, ihm zunächst gar rätselhaft erscheinenden Worten vermittelt wird. Während der Mediziner diese Nachricht vielleicht in den Rahmen einer gesünderen Ernährung, einer emotionalen Neuausrichtung und deutlich mehr Ruhe im Leben zu verpacken versucht ist, mögen die Glaskugelkiffer den Klienten eher dazu bewegen wollen, gen Indien auszuwandern und sich ein Räucherstäbchen in den Allerwertesten zu klemmen, um neue Dimensionen des Seins zu erfahren.

Wichtig hierbei: Räucherstäbchen entfernen, bevor der glimmende Teil die Kimme erreicht. Ist ja aber auch egal jetzt. Fakt ist: Eine wesentliche Veränderung des Lebens, ein Wandel der Betrachtungsweise der Dinge, soll uns zur Erleuchtung oder schlicht in ein gesünderes Leben führen.

Nun, sie mögen ja alle, die Therapeuten, wie auch die Hellseher, Recht haben. Wie man den Wechsel der Perspektive aber nun bewerkstelligen und den inneren Schweinehund überwinden soll, das sagt dir wahrlich niemand so konkret. Das mag in der Komplexität der Sache oder im Geschäftsmodell beider Branchen liegen. Ich weiß es nicht. Ich für meinen Teil habe daher eines schönen Tages beschlossen, ganz einfach und selbstbestimmt, im Kleinen anzufangen.

So habe ich mich beispielsweise gefragt, wie ich der langweiligsten und banalsten Situation etwas Erheiterndes abgewinnen könne, um mein Leben grundsätzlich *sonniger* zu gestalten – *Perspektivwechsel light* sozusagen.

Die Idee: Man fange mit einem Lächeln an. Klingt simpel.

Bei mir persönlich hat das oft funktioniert. Die Herausforderung liegt allenfalls darin, auch der dümmsten und deprimierendsten Situation etwas wohlig Erheiterndes zu entlocken. Sich die Zeit zu gönnen, das kleinste Fünkchen Banalität des Moments zu entdecken.

Der Schlüssel der Erleuchtung liegt in meinem Fall unten rum. Also ... vielmehr ... *untenrum*.

Nun bin ich bekanntermaßen, trotz der einen oder anderen Depression in meinem Leben, in meinem Naturell kein Kind von Traurigkeit. Und ja, ich weiß, dass meine Klappe bisweilen zu groß ist und ich hin und wieder vor dem Reden nachdenken sollte, um nicht irgendwann in einem Knast einer Bananenrepublik zu enden. So fand meine große Karriere im Büro eventuell ihr jähes Ende allein in der Tatsache, dass meine Vorgesetzten eines schönen Tages zu ahnen begannen, dass ich gar nicht unter Tourette litt, sondern einfach ich selbst war. Die schlagartige Neubewertung einer Karriere, vom Inklusionsprojekt, hin zur Bürotragödie ist von diesem Zeitpunkt an ein unvermeidbares Schicksal, nach den Regeln des Kosmos. Das ist natürlich alles Quatsch, den Kern der Sache trifft es dennoch.

Ich weiß also nicht genau, ob es ausschließlich daran liegt, dass nur ich in meinem infantilen Dasein diesem bestimmten kleinen Terminus immer etwas Amüsantes abgewinnen kann, oder ob es schlicht für jeden amüsant ist. Mein Leben hat dieser kleine und unscheinbare Kniff rhetorischer Wissenschaft eindeutig verändert und das auf ziemlich imposante Weise. Hier liegt der Grund, warum ich die Welt auf diesem Wege daran teilhaben lassen möchte. Als Vermächtnis sozusagen. Etwas, das bleibt, etwas Wichtiges eben. Auch im Angesicht der Gefahr, weitere berufliche Karrieren zu gefährden.

So begab es sich, dass das Kind in mir, eines schönen Tages, in genieartiger Manier bemerkte, dass *untenrum* als Antwort auf beliebige Sätze und Situationen – mit ausreichend Phantasie versehen – einfach immer irgendeinen Sinn ergibt.

Wir halten inne, lassen diese These auf uns wirken und erkennen: *Untenrum* ist die passende Reaktion auf einfach jede langweilige und ernste Aufgabe, die der Kosmos sich so ausdenken kann. *Untenrum* beantwortet allerdings nicht eine der wesentlichen Fragen des Universums. Eigentlich ist dieser einfache Begriff in den meisten Fällen völlig sinnfrei. Aber: *Untenrum* macht den Weg zu den Antworten der wichtigen Fragen im Leben deutlich amüsanter. Nicht mehr, jedoch auch keinen Krümel weniger. Auch nicht im Büro. Obendrein ist *untenrum* international und damit völlig bürokompatibel. Wir kennen ihn seit langer Zeit, diesen Terminus, der da lautet: *Down Under*.

Nehmen wir beispielsweise das ganz alltägliche Bullshit-Bingo in einer Besprechung eines beliebigen Unternehmens. Der eine oder die andere mag das ja durchaus aus dem Berufsalltag kennen. Hier ist es ganz egal, welches Thema jene Besprechung behandeln mag, es werden stets die gleichen oder ähnlichen inhaltsleeren Sätze fallen, die man vor seinem geistigen Auge nach der Nennung aus einer virtuellen Liste streicht, bis diese komplett abgearbeitet ist, um dann ebenso still *Bingo* zu denken.

Ein Beispiel: Kommt in einem solchen Meeting nicht immer der Satz: »Wir müssen uns da ganz neu aufstellen« oder »Das müssen wir im Nachgang noch einmal explizit beleuchten«, oder »Wir müssen uns hier alle gemeinsam auf die Challenge committen und uns gegenseitig mit unserem Input befruchten.«, vor? Jeder der Anwesenden weiß eigentlich: Nichts dergleichen wird passieren, trotzdem scheint zunächst jeder beruhigt zu sein. So funktioniert Büro-Bullshit-Bingo. Mehr noch. Das Wort *Büro* steht in vielerlei Hinsicht und in ebenso vielen Köpfen für die Kunst, mit etlichen Worten rein gar nichts zu sagen, Sauerstoff zu verbrauchen und die Luft zu erwärmen, dem Klimawandel ordentlich Drive zu verleihen.

Sei es drum.

Die neue Variante dieses Zeitvertreibs für Bürogefangene namens Bullshit-Bingo ist sogar noch etwas einfacher. Sie bedarf lediglich einer still ausgesprochenen Antwort, um jeden Termin gleich unterhaltsamer zu gestalten. Und ich möchte vorweg einen gut gemeinten Rat schicken, um mich künftig nicht mit dem Verlust unzähliger Karrieren herumschlagen zu müssen. **Die folgende Übung bitte wirklich und ausschließlich in aller Stille exerzieren!** Nicht laut sagen! Auf keinen Fall! Das ist wichtig! Ich weiß, wovon ich rede!

Ich meine das nicht so, wie ich es sage. Ich sage es nur, um mich nicht schuldig zu fühlen. Erleben wir es am Beispiel:

»Wir müssen uns hier alle gemeinsam auf die Challenge committen und uns gegenseitig mit unserem Input befruchten.« *Achtung, jetzt kommt die Übung.* Die *stille* Antwort in unserem Kopf lautet: *Untenrum*.

Noch ein Beispiel:

»Herr Schulz, bitte nehmen Sie den Kunden noch einmal an die Hand!« – *Untenrum*.

»Ich möchte Sie nach der Besprechung einmal unter vier Augen in meinem Büro ...« – *Untenrum*.

»Where do you want me to go next?« – *Down Under*.

Aber auch der ganz alltägliche Privatwahnsinn eignet sich für diesen Zeitvertreib:

»Schatz, du müsstest mal wieder den Rasen mähen.«

»Die Katzenhaare auf dem Sofa machen mich sauer.«

»Onkel Rudi ist einfach nicht ganz fit momentan.«

»Bettina ist aber auch selbst schuld, wenn sie jeden Staubsaugervertreter rein lässt.«

»Gut Ding will Weile haben.«

»Der ADAC erwartet am Wochenende viele Staus.«

»Es ist etwas Ernstes.«

Ich denke, das Prinzip ist inzwischen nicht nur den Astrophysikern unter uns klar geworden. *Untenrum*. Ein Wort mit großer Macht! Mich zumindest macht es zu einem lächelnden Menschen.

Untenrum ist also ein klitzekleiner Schlüssel zu einem besseren Leben, ja, eine Lebenseinstellung. Vielleicht ist

Untenrum gar der nächste Wahlkampf-Slogan eines amerikanischen Bewerbers auf das Präsidentenamt, wer weiß! Alles scheint möglich, mit diesem unscheinbaren Werkzeug für ein besseres Leben. Womöglich kann dieser Begriff uns alle sogar vor der nächsten Psychotherapie oder der Hellseherei bewahren. Ich bin mir sicher, dass er wahrlich dazu taugt, vor einer unschönen Verbrennung an der Kimme zu schützen.

Untenrum macht mein Leben schöner und vielleicht ist dieses Vermächtnis gar der Sinn meines Daseins. Untenrum ist mein Platz, könnte man sagen.

Down Under.

The place to be.

Political Correctness und Genderfood

Ich stelle fest: Dinge ändern sich. Das war wohl schon immer so. Aber irgendwie scheint es, als hätte dieses *Ändern* andere Formen angenommen in den letzten Jahrzehnten. Früher, am Ende des letzten Jahrtausends zum Beispiel, war es der komplizierteste Fall, beim Nahrungsmitteleinkauf eine Vanilleschote zu kaufen. Teuer waren diese Dinger und das sind sie noch heute. Warum? Na, schließlich wollte man ja damals, wie heute nicht irgendeine Vanilleschote kaufen. Man investierte die hart verdiente Kohle intelligenterweise doch wohl in eine Schote von glücklichen, freilaufenden Vanillen! Es soll sich lohnen. Für die Gesundheit! Und für den Planeten! Und für die armen Vanillen.

Dummerweise gibt es natürlich auch in diesem Jahr eine Schädlingsplage auf der Plantage für glückliche Vanillen, irgendwo auf Madagaskar. Ein Schelm, der Zweifel an dieser Erklärung hegt und nicht den *madagaskanischen Vanillenwurm* hinter einem Preis von 7,99€, je Schote, sondern Marktmanipulation und Ausbeutung von einheimischen Bauern durch irgendwelche Konzerne vermutet! 7,99€! Das ist mehr, als der Preis von Silber pro Gramm!

Die Quintessenz: Alles ist irgendwie komplizierter geworden.

Nehmen wir beispielsweise Genderfood. Ja, sowas gibt's! Es existiert also jetzt Essen, das geschlechtsspezifisch ist. Also ...

nicht das Essen an sich: Eine Kartoffel ist noch immer eine Kartoffel. Es heißt jetzt nicht *der Kartoffel* und auch nicht *Gurkerich*, sowie der Plural von Paprika auch nicht plötzlich *Papriken* ist. Es geht tatsächlich darum, welche Nahrung besonders gut für Männer und welches Essen ideal für Frauen sein soll. Das ist jetzt nicht so simpel wie *Schweinesmoothy für Männer* und *Grünkohlshake für Frauen*.

Vielmehr ist Genderfood sogar nochmal ein Level höher anzusetzen, als vegetarisch und vegan oder *Superfood*. So habe ich neulich eine vegetarische Fleischwurst gekauft. Nachhaltigkeit fängt schließlich bei jedem Einzelnen an. Ich kaufte also eine vegetarische *FLEISCHwurst*. Eigentlich ist ja schon der Titel Verarsche. Noch besser ist aber: Auf der Zutatenlisten fanden sich: Hühnereiweiß, Wasser, Gewürze und Stärke. Ich habe also für 10 Zentimeter steifgeschlagenes Hühnerei aus der Legebatterie, mit aus Afrika importierten Gewürzen 2,39 € gezahlt! 2,39 € für ein Omelett, das nicht mal aussieht und auch nicht ansatzweise schmeckt, wie ein Omelett! Wenn ich mir ein Omelett mache, kostet mich das nicht mal einen Euro! Und warum bekommt man vegetarisches und veganes Essen ausschließlich in großen Plastikverpackungen? Etwa weil die eine Nachhaltigkeit nichts mit der anderen Nachhaltigkeit zu tun hat? Warum fühle ich mich irgendwie verarscht von der Lebensmittelindustrie? Nun ja, jetzt haben wir ja glücklicherweise Genderfood. Ab sofort wird alles besser.

Sind wir ehrlich: Das wurde doch auch mal Zeit! Über Jahrmillionen hinweg haben wir das falsche Zeug in uns reingeworfen. Nur deshalb sehe ich heute so aus, wie ich aussehe. Ich habe schon immer instinktiv gesagt, dass Steckrübe und Pastinake einfach nicht zu mir passen. Weil ich eben männlich bin! Und? Ich musste das Zeug trotzdem essen. Jetzt endlich habe ich Argumente, eine Handlungsgrundlage! Ich muss kein Gemüse mehr essen. Ich darf futtern, was ich als Mann wirklich brauche. Lasagne zum Beispiel. Die Natur verlangt von Männern, dass sie Lasagne essen. Das haben klinische Studien ergeben, da bin ich mir sicher.

Bier! Bier auch! Bier ist ja isotonisch, wie ich aus der Werbung weiß. Männer müssen also auch Bier trinken. Es sind nicht *Bier und Lasagne*, die mich fett machen. Es ist diese verfluchte Pastinake! Weil sie eben schädlich für Männer ist!

Die Industrie sieht das allerdings ein wenig anders. Die befreit mich keineswegs von der Pastinake des Grauens. Nicht mal annähernd. Die verpackt sie nur ansprechend für den Mann von Welt. Wer sich unser aufwändig in rosa oder eben schwarz verpacktes Genderfood einmal genau betrachtet, der wird relativ schnell feststellen, dass sich unter der unterschiedlichen Aufmachung tatsächlich sehr, seeeeehr ähnliche Inhalte verbergen. Nehmen wir also einmal das politisch völlig inkorrekte Stück Fleisch und dessen Verpackung. Für Männer bis zur Massentierhaltungsdebatte ein Grundnahrungsmittel, für Frauen häufig eine Art Büchse der Pandora. Dies führt dazu, dass die Männerverpackung, optisch und hinsichtlich der Inhaltsbeschreibung, einfacher gestrickt sein darf.

Die in dezentem Schwarz gehaltene Herberge des Männerfoods lässt uns wissen:

Stress und körperliche Belastung zehren an uns Männern. Eiweiß und Aminosäuren helfen dem Körper, seine Energiereservoirs wieder zu füllen, steht da und ich bekomme Hunger.

»Fantastisch! Gekauft«, denkt sich der ausgezehrte Hüne. Der Informationsgehalt ist völlig ausreichend. Es ist gesagt, was zu sagen war. Es bedarf keinerlei Ergänzung. So weit so gut.

Wie wir wissen, lässt sich eine Frau jedoch nicht von solch intellektuell seichter Berieselung einfangen. Sie ist emotional komplex und so will sie auch behandelt werden. Sie von Inhalten zu überzeugen, bedarf schon mehr der Kreativität. Nehmen wir uns also die zartrosa verpackte Frauenversion vor:

Der Alltag kann sehr belastend sein. Die biologische Freilandhaltung unserer Tiere im Einklang mit der Natur, ermöglicht es uns, ein Produkt herzustellen, das dazu beitragen kann Ihr inneres Gleichgewicht wiederherzustellen, denn unsere tägliche Nahrung ist Bestandteil einer ganzheitlichen Lebensweise.

Ich stelle fest: Gleiches Essen, ähnliche Information. Mehr Buchstaben und mehr Emotion bei den Frauen. Ich frage mich: Braucht es nicht auch einen Text für das dritte Geschlecht und wie möge der wohl aussehen?

Stress und körperliche Belastung sind Bestandteil einer ganzheitlichen Lebensweise. Biologische Freilandhaltung kann im Alltag sehr belastend sein. Essen Sie Eiweiß und Aminosäuren!

Gendermarketing betrifft nicht allein das Essen: Der Hersteller von Barbie, Ken und Co bringt erstmals eine komplett geschlechtsneutrale Puppenlinie mit dem Namen *Creatable World* auf den Markt. Wir haben es also mit Plastikpuppen ohne Geschlecht zu tun. Gut, sie sind aus Plastik, aber sie haben kein Geschlecht. Öko: nein, politisch korrekt: ja! Das ist also wie mit den Verpackungen der veganen Lebensmittel. Den Kids wird´s herzlichst egal sein. Der Hersteller möchte den Kindern *grenzenlosen Spielspaß* ermöglichen, heißt es in einer Mitteilung des Konzerns. Es sei die Frage erlaubt, ob sie das Spielzeug für Kinder oder für die Eltern herstellen und warum Geschlechter plötzlich den Spielspaß einzuschränken vermögen.

Grenzenloser Spielspaß also. Ich glaube, den hatte ich auch mit einem Ball. Auf einer Wiese. Weil ich ein Junge war. Zu meiner Zeit hatten auch Mädchen das selbstverständliche Recht mit einem Ball auf einer Wiese zu spielen. Mädchen, die lieber mit Jungs gespielt haben, haben einfach mit Jungs gespielt. Und niemand hat darüber geredet. Heute ist es ein Thema. Das ist gut, denn es führt dazu, dass das Anderssein sicherlich für viele leichter wird. Leider machen wir viele Dinge aber schwieriger, als sie es mit einer gewissen, wie selbstverständlichen Portion Offenheit eigentlich wären.

Ich stelle mir also die Frage, welcher Zivilisationskrankheit wir eigentlich erlegen sind. Ich bilde mir ein, dass es in den letzten 50 Jahren recht einfach war, in unsere Zukunft zu schauen, wenn man sich die Entwicklungen in den USA betrachtet, denen wir ja in großen Teilen gefolgt sind. Sei es Fernsehunterhaltung, Fast Food oder unser Hang zu immer größeren, protzigeren Dingen. Denken wir nur noch in Superlativen? Das Reisebüro in meiner Gegend ist ein recht passendes Beispiel, wie ich finde:

1990: Das Reisebüro hieß *Reisebüro*. Man konnte dort Reisen buchen. Auch kurzfristig. Das kommt ja vor. »Huch, ich habe ja Urlaub. Ach, komm, wir fahren weg! Schauen wir mal im Reisebüro, ob die was für uns tun können!« Und ehe man sich versieht, bucht man eine kurzfristige Reise. Klasse.

Das änderte sich in den 2000er Jahren: Das Reisebüro wird zum *Last Minute Reisebüro*, denn offenbar buchen viele Leute gern kurzfristige Reisen dort. Kann man machen. Allerdings unterliegt wohl ein Reisebüro den Wogen des freien Marktes, sodass sich in der Nachbarschaft des Last-Minute-Reisebüros ein weiteres ansiedelte. Das muss unser Last-Minute-Reisebüro eigentlich nicht stören, denn wer gute Reisen zu adäquaten Preisen verkauft, wird nicht um seine Kunden fürchten müssen, möchte man glauben.

Offenbar liege ich mit dieser These aber falsch. Seit einigen Wochen heißt mein Reisebüro nun nicht mehr *Reisebüro* und auch nicht *Last-Minute-Reisebüro*. Nein. Um sich von der Konkurrenz abzuheben hat man sich erneut umbenannt und heißt jetzt *Mega-Last-Minute-Reisebüro*. Wo wird das hinführen? Mir würde jetzt nur noch *Ultra* oder auch *Ganz ehrlich allerletzte Minute* einfallen.

Plötzlich bekomme ich es mit der Angst zu tun, denn ich sehe kommen, dass wir alle bald ganz USA-like den Populisten unsere Stimme bei der Wahl geben und uns bewaffnen. Wir würden alle bald eine völlig überzogene *Political Correctness* an den Tag legen, die nur dazu dient, andere Menschen aufgrund ihrer Verstöße gegen selbige anklagen zu können.

Wir werden tonnenweise Behördenformulare vernichten, weil darin *Er, Sie, Wähler* oder *Wählerin*, anstatt *Wählende* steht, um ja niemandem auf den Schlips zu treten. Und ich frage mich: Fühlt man sich als Person des dritten Geschlechts dadurch gewürdigt oder verarscht?

Wir werden Dinge nicht mehr sagen, die einmal wie selbstverständlich zu unserem Wortschatz gehörten, aber inzwischen die Gefahr bergen, im Knast zu landen.

Wir werden Weihnachtsmärkte aus Gründen des *Zusammenhalts* in *Wintermärkte* umbenennen.

Wir werden Eltern verteufeln, weil ihr Kind während der 40m-Fahrradfahrt zum Kiosk keinen Helm getragen hat. Wir werden sie auf den virtuellen Scheiterhaufen treiben, weil sie dem Kind ein nicht-zuckerfreies und auch nicht geschlechtsneutral verpacktes Kaugummi gekauft haben.

Wir werden uns bitterböse in Kindergärten beschweren, weil eine Stunde des schulvorbereitenden Englischunterrichts ausgefallen ist.

Wir werden Protokoll darüber führen, wer sich eben noch online für einen besseren Planeten einsetzte und im nächsten Moment den Salat von einer Plastikgabel bei McDonald´s gegessen hat.

Die politische Mitte wird keine klare Kante mehr zeigen, um bloß niemandem zu nahe zu treten und sich damit nahezu obsolet machen. Umso schwieriger wird es für den Einzelnen sein, sich selbst in der Mitte zu bewegen.

Unser Land und dessen Gesetze werden von Lobbyisten gestaltet werden, da sie ja vermeintlich den Willen der Leistungsträger unserer Gesellschaft vertreten. Leider hebelt das die Demokratie aus, denn ein kleiner Kreis von Leistungsträgern spiegelt ja nicht den Willen des Großteils der Gesellschaft wider.

Wir werden über unser stetiges Streben nach gegenseitigen Vorwürfen, den Einzelnen aus dem Blick verlieren, anstatt wohlwollend miteinander umzugehen und füreinander einzustehen.

Wir werden darüber diskutieren, ob ein unverschämter Mann mit unverschämt losem Mundwerk ein *unverschämter Mann mit* unverschämt *losem Mundwerk* ist, oder ein potenzieller

Vergewaltiger, anstatt ihm zu sagen, dass er ein *unverschämter* Mann *mit losem Mundwerk* ist und ihn zu ächten.

Wir werden uns gegenseitig empfehlen, eine Armlänge Abstand von fremden Menschen zu halten, anstatt uns die Mühe zu machen, zwischen Freunden und Kriminellen zu unterscheiden, ganz gleich woher sie stammen.

Wir werden versuchen, alle Menschen in möglichst gleiche Schemata zu zwängen, anstatt zu akzeptieren, dass wir alle unterschiedlich sind und lediglich in unserem Miteinander gewisse Umgangsformen zu pflegen haben. Wir werden also etikettieren, statt zu argumentieren, was uns mehr und mehr ins Extreme treiben wird.

Am Heiligen Abend werden wir in die Kirche gehen und uns noch auf dem Weg zum Weihnachtsbaum, Entschuldigung, zur *Festtagstanne* den Mund darüber zerreißen, wie der Nachbar ausgesehen hat.

Wir werden umherirren, zwischen althergebrachten Normen und neuer, überzogener *Political Correctness*, die eigentlich niemand möchte. Misstrauen steht dann an der Tagesordnung und wir entwickeln uns in die Richtung missgünstiger Einzelkämpfer. Wir werden zu pauschalisieren versuchen, wo es nur geht, um die immer komplexer werdende Welt überschauen zu können.

Und das Beste ist: Es sind genau diese wirschen Dinge, mit denen wir Idioten, Rassisten und Populisten Macht verleihen werden, denn sie greifen genau dieses Verhalten auf und verwenden es gegen uns. Vermutlich ist das alles sehr spekulativ und weit hergeholt.

Vielleicht zeichne ich die Welt dunkler, als sie es ist. Vermutlich wird es nicht so weit kommen. Ich persönlich entscheide mich trotzdem für Pastinake, Steckrübeneintopf und glückliche Vanillen. Das ist mir lieber. Den Rest mache ich nicht mit.

Der Blob

Als am Tagesgeschehen interessierter Erdenbürger bin ich stets aufgeschlossen für Neues. So auch neulich, als wieder eine dieser Wissenschaftsnews, die von irgendeiner Presseagentur gemeldet, plötzlich in so ziemlich allen Portalen mit sehr ähnlichen und selbstverständlich sauber recherchierten Texten, durchs Land kursierte.

Oft wünsche ich mir, nur einmal eine solche Meldung verfassen und in den Ticker der Presseagentur einspeisen zu dürfen, um sie fortan, blind kopiert, in allen wichtigen Medien bestaunen zu können. *Deutschland exportiert Know-How im Flughafenbau*, stünde dann dort. Oder: *Obama kann Kanzler*. Ehe das auffliegen würde, wäre mir der eine oder andere Newsticker sicher, wie ich denke. Während sich manche Redaktion noch immer darüber echauffierte, dass Minister bei der Erstellung ihrer Doktorarbeiten der Versuchung erlagen, die Tastenkombination *Strg+C* und *Strg+V* zu verwenden, anstatt deren politische Taten zu bewerten, würden sie selbst Opfer derselben Sünde werden. Ich mag sowas. Karma eben.

Jedenfalls las ich diese Meldung. Es ging um den Blob. Ja, richtig: Blob, nicht Blog. Also kein Tagebuch in der Onlinewelt, sondern Blob mir *b* am Ende. Hinter diesem nahezu süßen Titel verbirgt sich so etwas wie ein Lebewesen.

Der Blob ist ein Einzeller. Vielmehr ist er gar ein ganzer Einzellerhaufen. Er ist weder Pflanze, noch Pilz, noch Tier, aber irgendwie dann doch wie eine Mischung aus all diesen Kreaturen. Unter dem Strich ist er, oder sie, oder es, ein hirnloser Haufen von Zellen, der sich beispielsweise mit zwei Zentimetern pro Stunde fortbewegen kann. Dem nicht genug! Der Blob ist sogar in der Lage, auf sehr effiziente Weise den schnellsten Weg durch ein Labyrinth zu finden. Und das alles tut er ohne Füße, Flossen oder Flügel. Und: ohne Hirn.

Zerteilt man eine Blob-Zelle, so überlebt diese die Teilung und ist nach etwa zwei Minuten erneut fortpflanzungsfähig. Wer will nicht so sein, frage ich mich? Das würde das Format der Ehe jedenfalls deutlich sicherer gestalten.

In der Blob-Welt gibt es nicht drei, sondern 720 Geschlechter. Männlich, weiblich, divers ... ähm ... ich habe keine Ahnung, wie man die anderen 717 Geschlechter genannt hat. Fest steht: Der Blob mag Haferflocken. Die sind seine Leibspeise. Er legt sich über sie und verarbeitet das Mahl auf geheimnisvolle Weise, denn Augen und Mund hat er nicht. So mancher, der mir nachsagt, ich würde mit meinem Essen verschmelzen, hat jetzt zumindest den Beweis in Händen, dass so etwas tatsächlich möglich ist.

Besonders faszinierend ist es, wenn ein Blobzellhaufen auf einen anderen trifft. Natürlich gibt es keine Konversation, wie:

»Jo.«

»Jo, was geht?«

»Alter, i bims.«

»Geil, du Opfer.«

Oder etwas Ähnliches. Blobs können ja nicht sprechen, wenngleich man diese Art Konversation von anderen Zellhaufen zu kennen glaubt. Zu sprechen oder nicht zu sprechen, das hat in diesem Fall nicht einmal etwas mit dem Geschlecht zu tun. Nein, beide geben ihr bisher erworbenes Wissen stattdessen auf unbekanntem Wege, an den jeweils anderen weiter. Ohne Hirn. Ohne Mund, Ohren und Augen.

Jetzt aber festhalten: Der Blob hat es gar in einem Experiment geschafft, dass Bahnnetz von Tokyo effizienter zu planen, als menschliche Netzplaner – wie auch immer der Aufbau des Experiments ausgesehen haben mag. Diese Information zumindest haben all die von der Presseagentur kopierten Texte nicht beinhaltet. Vermutlich hat man den Blob in ein unterirdisches Bahnplanerlabor gesetzt, ihm den Titel *Senior Planner*, eine Gratismitgliedschaft im Fitness-Studio und ein gutes Jahresgehalt versprochen und er fing sogleich an, zu planen wie der Wind. Hochmotiviert natürlich. Ich weiß es nicht. Irgendwie scheint er es getan zu haben.

Nur weiß niemand, *wie* der Blob es, völlig ohne Hirn, schaffen kann. Schlaue Wissenschaftler scheinen hier hinter eine Art von Schwarmintelligenz zu vermuten, die aus einer irgendwie gearteten Abstimmung unter den einzelnen Zellen entstehe. Faktisch beißt sich die Wissenschaft an dieser Frage bisweilen die Zähne aus. Vielleicht sollte man den Blob schlichtweg fragen. Wer Bahnpläne planen kann, wird sich ja wohl dazu erklären können. Der Blob. Ein feines Kerlchen ist er. Oder sie. Oder es.

Was lehrt uns das alles? Um es kurz zu machen: Ich habe nicht den blassesten Schimmer! Lediglich beschleicht mich das Gefühl, dass die Überlebensstrategie des Blobs gar nicht so selten ist, wie man vielleicht denken mag. Ein Zellhaufen, der hirnlos durch die Gegend kriecht, um den effizientesten Ausweg zu finden, sich über Haferflocken her macht, weil es sonst nichts gibt und an dem sich keine echten Körperteile entdecken lassen. Ein Lebewesen, das weder Mensch noch Tier ist und trotzdem irgendwie funktioniert ...

Mir selbst geht es jeden Morgen vor dem ersten Espresso genau SO! Ich wabere aus dem Bett, bewege mich in ähnlicher Geschwindigkeit und suche nach Nahrung. Alles, was ich zu diesem Zeitpunkt weiß, kann ich innerhalb von Millisekunden an mein Umfeld weitergeben, während ich durchs Haus vegetiere, um instinktiv den effizientesten Weg zur Kaffeemaschine zu finden. Ich erkenne mich wieder und gelange abermals zu der Erkenntnis, dass in einem Universum alles mit allem verbunden sein muss!

Und wenn ich RTL II, dem Nachrichtenportal meines Vertrauens für wohlrecherchierte Geschichten, trauen darf, bin ich wahrlich nicht der Einzige. Nur allzu oft sehen wir ähnliches Verhalten im Straßenverkehr, in Ämtern, in der Sendung *Frauentausch*, bei *Germany´s Next Top Möbel*, an der Kasse im Supermarkt und manchmal gar vor dem Weihnachtsbaum, wenn die geliebte Familie in der *großen Besetzung* zusammentritt.

Sehr plakativ zeigt sich das Blob-Phänomen zudem in der Politik, wenngleich es hier ja bisweilen durchaus Flügel gibt, die der Blob ja nachgewiesenermaßen nicht ausbildet. Sogenannte Inhalte werden hier innerhalb kürzester Zeit und ohne sie zu hinterfragen, von einer Zelle zur nächsten weitergegeben und ähnlich effizient vervielfältigt, wie sich die Informationsträger selbst vervielfältigen, bis eine wabernde, hirnlose Masse irgendwann zur Weltherrschaft strebt. Oder gar Präsident der USA wird.

Dies wiederum ist jedoch nicht das faszinierende dieses Falles. Viel interessanter ist, dass sogenannte SMARTE, also vermeintlich hoch entwickelte Lebensformen tatenlos bei diesem Spielchen zuschauen und miteinander über das Für und Wider der Bedrohung diskutieren, bis sie selbst von der wabernden Masse verdaut werden. Sie sind also quasi die Haferflocken dieses Ökosystems. Dachten sie eben noch in *Wir-sind-mehr*-Manier, dass sie ja ohnehin die Krone der Schöpfung und damit der blobbenden Zellmasse weit überlegen seien, werden sie kurz darauf von dieser *mal eben* eingelullt und als Snack verspeist. *Blob und wech.*

Damit habe ich vielleicht doch etwas vom Blob lernen können: Evolution ist nicht immer nur eine Frage der sich selbst feiernden Intelligenz. Manchmal sind es eben die Effizienz und die Fähigkeit der Anpassung an neue Herausforderungen, die die Nase vorn haben. Und so bin ich froh, dass ich es kann. Morgens vor zehn als wabernde Masse, auf dem Weg von der Bettdecke zum Espresso. Ich bin in der Lage, dem Geruch der Kaffeebohne geradezu instinktiv und sinnentleert zu folgen. Auch im Dunkeln. Ohne jeglichen Lageplan, als einsamer Wolf. Ich nutze jenen Instinkt, der mich zielstrebig zur Maschine lenkt, die mich mit Espresso versorgt, mir neues Leben einhaucht, das Hirn einschaltet und mich damit zu einem eigenständig denkenden Wesen macht. Mit Hirn. Und mit Herz. Mit Armen, Beinen und spitzer Zunge, sodass ich nicht einmal einen irgendwie gearteten Flügel für mein Selbstwertgefühl benötige. Es sind zwei Facetten meines Daseins als Mensch, die ein Ganzes ergeben, die mir mit Hilfe von zahllosen Versuchen mein Hirn mit Bildung zu füllen, vermittelt wurden.

Und genauso will ich mein kleines Vermächtnis hinterlassen und kümmere mich ebenfalls darum, die Hirne meiner Nachkommenschaft mit Bildung und Empathie zu füllen. So, wie wir es alle tun sollten. Ich möchte, dass sie ebenfalls in Freiheit, früh am Morgen, hirnamputiert ihren Weg durch ihre Höhle suchen können, ohne befürchten zu müssen, dass sie in diesem Zustand verharren und irgendwann zu Serienstars in meinem favorisierten Bildungskanal werden. Ich tu´ das im Dienste der Evolution. Es ist eine kleine Wirkungsstätte in einem ganz privaten Mikrokosmos, die sich jedoch als ähnlich effektiv erweisen kann, wie der Wissenstransfer der Einzeller. Früher nannte man dies *Vermittlung von Werten und Normen* oder gar *Erziehung und Familie*. Heute, so scheint es mancherorts, ist es lästige Arbeit, die das reichhaltige Angebot digitaler Medien doch viel, viel schneller für uns erledigen kann.

Persönlich bin ich ja ein großer Freund, der Verbindung von altbewährtem mit den Vorteilen des Neuen, obwohl es hin und wieder wie Arbeit erscheint. Wenn wir genau das in diesem speziellen Fall jedoch alle täten, dann – so glaube ich – könnten wir mit Recht sagen:

»WIR tun es, um dem Blob stets einen Schritt voraus zu schreiten. Durch Intelligenz. Denn WIR sind mehr.«

Emanzipation

Der Begriff der Emanzipation umschreibt die Freimachung aus einem Zustand einer Abhängigkeit, hin zur Gleichstellung und Unabhängigkeit. In unseren Breitengraden wird er oftmals in Verbindung mit der Gleichstellung zwischen Frau und Mann verwendet. Dabei geht es in der Tat nicht nur um die Begriffe der Gleichstellung und Abhängigkeit. Thematisch spielen hier obendrein die Geschlechterdiskriminierung oder die vermeintliche Machtausübung durch Pauschalisierung und das Drängen in Geschlechtsklischees, als Werkzeuge der Erhaltung von Abhängigkeiten, eine nicht unwesentliche Rolle.

Emanzipation ist also nicht nur toll und wertvoll, um diese unschönen Begebenheiten zu verdrängen, vielmehr sollte der normaldenkende Mensch den Begriff als naturgegeben nützlich betrachten, möchte ich meinen. Schließlich sind Rollenklischees ja keine Einbahnstraße. Ein Beispiel: Ich mag nicht gut dekorieren können. Manch weibliche Artgenossin hat es nicht so mit dem Einparken. Aber ist das gottgegeben oder eher eine Sache von persönlichem Interesse, individuellen Gegebenheiten und Erziehung? Darüber könnte man diskutieren. Persönlich vertrete ich den festen Glauben, dass solcherlei klassische *Rollenverteilungen* großer Mumpitz sind. Außer der biologisch festgelegten Tatsache vielleicht, dass Männer keine Kinder bekommen können, weil sie keine

Mumu haben, wie Monty Python sehr richtig feststellten. Sicherlich funktionieren männliche Hirne gegenüber den weiblichen außerdem in Nuancen anders, wenn man einigen Forschungsergebnissen Glauben schenken darf. Darüber hinaus kann mir aber niemand erzählen, dass irgendein Geschlecht eigens für irgendeine Aufgabe geschaffen sei oder eben *unfähig* wäre, Selbige zu erledigen.

Okay ... Im Stehen zu pinkeln ... Das ist vielleicht auch noch so eine Sache. Aber die hat ja nichts mit Hirn, sondern mit anderen anatomischen Begebenheiten zu tun. Und schließlich ist ja mancher Mann zu dämlich, im Stehen zu pinkeln.

Kurzum: Diese Mann-Frau-Klischees sind Unsinn.

Gleichwohl bin ich in der ersten Reihe vertreten, wenn es um das ausgelassene Amüsement über solcherlei Klischees geht, denn witzig sind sie unabhängig vom Wahrheitsgehalt! Ja, ich lache mich tot, wenn eine gut aussehende Frau Probleme beim Einparken hat! Ich lache mich tot, wenn ich selbst es nicht auf die Reihe bekomme, den Tannenbaum auch nur halbwegs gleichmäßig zu schmücken. Ich kann mich den ganzen Tag über sowas amüsieren. Aber das Schöne am Totlachen ist doch, dass es, mit etwas Intelligenz versehen, völlig klar ist, dass *sie* einparken und ich wunderbar schmücken könnte, wenn wir nur Bock darauf hätten.

Wir könnten, wenn wir nur wollten. Wir wären dazu in der Lage, wenn wir uns tatsächlich damit befassen würden. Noch dazu leben wir in einem Land, in dem wir das dürfen! Männer dürfen dekorieren, Frauen Auto fahren, alle dürfen wählen und auch gleichgeschlechtliche Beziehungen sind obendrein erlaubt. Als Mann dürfte ich gar Babys bekommen, wenn ich eine Mumu und so manch andere Ausstattung hätte, jawohl! Und das wird – Gott sei Dank – von allen, außer einigen verwegenen Idioten, anerkannt. Wenn wir es jetzt noch schaffen, Menschen unabhängig von ihrem Geschlecht, ihrer Herkunft, Religion oder Sexualität gleichberechtigt für Ihre Arbeit zu bezahlen, dann sind wir ganz weit vorn in der Welt!

All das ist ein Verdienst der Emanzipation verschiedenster Gruppen und Menschen. In unserer demokratischen Gesellschaft dürfen all jene im öffentlichen Diskurs für Ihre Rechte kämpfen, die sich benachteiligt fühlen. Sogar die Rechtsnationalisten, Verschwörungstheoretiker und Kegelbahnbesitzer. Und Kegelbahnbesitzerinnen, Theoretikerinnen und Nationalistinnen! Oft ist es ein langer und mühevoller Prozess, einen Wandel in der allgemeinen Sichtweise zu bewirken, sich Gehör zu verschaffen. Das ist in den meisten Fällen nicht schön, aber es ist möglich. Und nur auf diese Weise kann es nachhaltig sein und von der Mehrheit aus Überzeugung getragen werden, schließlich benötigt nachhaltiger Wandel in den meisten Fällen Zeit. So viel also einmal zum Grundsätzlichen.

Es gibt allerdings auch immer die, die es übertreiben müssen. Meistens sind es die Rechtsnationalisten, Linksextremisten und Verschwörungstheoretiker, um mal eine Lanze für die Kegelbahnbesitzer und Kegelbahnbesitzerinnen zu brechen. Bemerken sie, dass sie nicht genug Fans der eigenen Sichtweise generieren können, werden sie zickig und bemühen sich, die Spielregeln zu verändern.

Deutlich harmloser, wenn auch nicht weniger zickig, ist hingegen meine Lieblingsgruppe: Sie werden mich mit Tomaten und bösen Worten bewerfen, mich verfluchen und mir meine Kronjuwelen abschneiden wollen. Sie sind die, die die Satire-Allergie erfunden haben. Ist ja auch nicht lustig. Also ... für sie. Meine Lieblingsgruppe sind die ... dieeee ...

Es sind die FEMINISTINNEN! Und wenn ich sage *Feministinnen*, dann meine ich die extreme Sorte. Und ich frage mich: Müsste es eigentlich Feministinnen und Feministen heißen? Oder eher *feministische*? Verwerfen wir diese Frage, du weißt schon, was ich meine.

Konkret ist es ja schon eine Bürde für den normalsterblichen Kerl, sich Frau TV im Abendprogramm anschauen zu müssen. Nichts gegen den regen Sorgenaustausch unter Frauen, aber kann man das nicht in einem Internetforum erledigen? Muss es die beste Sendezeit sein? Männer tun das in der Kneipe. Man(n) nennt das *Stammtisch*! Auch da stört es niemanden. Aber das ständige, gegenseitige Bemitleiden unter Eidgenossinnen, dieses gemeinsame Wundenlecken? Ich bitte darum, den Begriff *lecken* in diesem Kontext nicht zu meinem Nachteil auszulegen. Ich meine das metaphorisch.

Aber: Muss das denn sein? Ich hätte ja nicht mal was dagegen, würde man, äh, Tschuldigung ... würde *Frau* Probleme ansprechen und sich gegenseitig Kraft und Lösungen zuspielen, aber nein! Hier scheint es zunächst mal darum zu gehen, Gemeinschaft im Leid zu finden und zur Freude aller Beteiligten neue, alte Feindbilder zu schärfen. Irgendwer muss schließlich für jede unschöne Situation verantwortlich gemacht werden können. Vielleicht sieht das aus der latent frauenverachtungsorientierten, männlichen Sicht so aus und es entspricht in Wirklichkeit gar nicht den Tatsachen. Asche auf mein Haupt. Vermutlich ist der eigentliche, mich störende Aspekt an solcherlei Sendungen jener, als Mann grundsätzlich als generalverdächtigtes Monster dargestellt zu werden. Jedenfalls kommt die Rolle *fürsorglicher Ehemann und Vater* hier nur selten bis gar nicht vor. Es sei denn, es handelt sich um einen Bericht über Geburtsvorbereitungskurse. Da gehört *Mann* ja als Beiwerk irgendwie dazu.

Ach, was rede ich! Die Kolleginnen und Kollegen von Frau TV sind ja noch harmlos, sofern Kollegen da überhaupt zugelassen sind. Ich meine, sind sie das? Gibt´s da Gleichstellung in der Redaktion? Naaaa?

Sei´s drum! Da sind wir ja noch nicht in der wirklich dramatischen Szene unterwegs: So richtig zur Sache geht´s tatsächlich erst bei den militanten Feministinnen *SCHWARZER*-Couleur. Lustiges Wortspiel übrigens. Glaubt man jener Zunft, so sollte das männliche Geschlecht vermutlich verboten werden. Da bist du schon ein Monster, weil du mit männlichen Geschlechtsmerkmalen zur Welt gekommen bist. Sie geben dir das Gefühl, ein gewalttätiges, rücksichtsloses Raubtier zu sein, bloß weil du im – aus ihrer Sicht – falschen Körper existierst. Es scheint, als wäre alles Übel in der Welt auf Männer zurückzuführen, die sich aktiv gegen das weibliche Geschlecht verschworen hätten. Und ich frage mich: Wie wird hier eigentlich mit Frauen umgegangen, die einen eher maskulinen Part in einer gleichgeschlechtlichen Beziehung einnehmen? Ist ein Damenbart gar ein Paradoxon für Feministinnen?

Fragen über Fragen! Man hüte sich allerdings davor, diese zu stellen. Es würde einen Shitstorm nach sich ziehen, der seinesgleichen sucht und gleichzeitig mit der Anschuldigung enden, sich despektierlich über Frauen in gleichgeschlechtlichen Beziehungen geäußert zu haben.

Und an dieser Stelle wird schlagartig klar: Die wollen keine Gleichberechtigung! Die wollen außerdem nicht erklären oder antworten. Sie scheinen vielmehr das, was sie da bemängeln, ins Gegenteil verkehren zu wollen. Ja, vielleicht sind es gar die Russen eines imaginären, kalten Geschlechterkriegs!

Sollte mich diese Erkenntnis veranlassen, mich einer *maskulinistischen* Bewegung anzuschließen und ebenfalls in den Krieg zu ziehen? Sollte ich dafür kämpfen, nicht nur auf ein männliches Rollenklischee reduziert zu werden? Sollte ich dafür eintreten, zunächst einmal der Begriff *Maskulinismus* in die Rechtschreibprüfung meines Textverarbeitungsprogramms aufzunehmen? Sollte ich mich dafür starkmachen, den Feminismus auszumerzen und Frauen aufgrund ihrer Menstruation zu stigmatisieren? Ich denke nicht. Man kann eben auch hier übertreiben. Sinnlosen Feminismus finde ich scheiße. So viel steht fest. Maskulinismus auch. Ich finde alles blöd, was übertrieben wird.

Mädels, versucht es doch mal mit Emanzipation und Empathie! Mit dem außergewöhnlichen Gedanken, dass wir alle gleichberechtigt zu dieser Welt gehören und uns gegenseitig ergänzen. Wenn ihr möchtet, dass das alle anderen ebenfalls so sehen, dann seid einfach emanzipiert. In unserem Land ist das nämlich möglich!

Versucht es mit dem Gedanken, dass nicht die komplette männliche Welt vom Bösen angetrieben wird. Seid vehement! Weckt Aufmerksamkeit und fördert Verständnis für die Dinge, die schlecht laufen. Fördert aktiv den Respekt, den man euch entgegenzubringen hat und torpediert ihn umgekehrt nicht mit Verhaltensweisen, wie sie sonst nur Kleinkinder, Despoten und Despotinnen an den Tag legen! Das ist aufwändig und schwer. Es ist ungemütlich. Oft ist der Weg an sich unfairer und langwieriger, als es angemessen wäre. Ganz so, wie viele Dinge, die im Leben eines Mannes nicht fair, nicht gemütlich und obendrein gar langwierig sind. Oder im Leben irgendeines Menschen, der irgendeiner Gruppe angehört. Tretet euren Gesprächspartnern fair gegenüber und geht mit gutem Beispiel und voller Emanzipation voran, selbst wenn man euch hier und dort nicht in gleicher Weise gegenübertritt!

Ich bin oft faul und rieche manchmal wie ein Iltis. Ich bin ein Mann, wie viele Männer. Die meisten von uns befassen sich jedoch explizit nicht damit, Frauen zu unterdrücken, und schlagen sie auch nicht. Manche sind sogar sehr fürsorglich und auf absolute Gleichstellung bedacht. Ganz von selbst. Manche werden obendrein von ihren Frauen oder Müttern geschlagen oder sonst wie misshandelt. Viele beten gar weibliche Artgenossen sabbernd an, die ihnen in vollem Bewusstsein mit weiblichen Reizen den Kopf verdrehen. Das macht sie nicht zu willenlosen Vergewaltigern. Sie sind nach wie vor nette Männer, obgleich leicht zu manipulieren. Und eigentlich hat selbst das seine schönen Seiten.

Maßstab in dieser Sache ist doch wohl schlicht eins: Sobald du dich bloß durch dein Geschlecht für irgendwas qualifizierst oder disqualifizierst, was nicht mit Babys bekommen oder Im-Stehen-pinkeln zu tun hat, kann doch schon was nicht stimmen, egal, zu welcher Seite du gehörst. Bezieht das doch mal in eure Überlegungen ein. Dann schaue ich mir gern einmal Frau TV bis zum Ende der Sendung an!

Hotelfluch

Aus beruflichen Gründen bin ich hin und wieder, man kann es sich denken, in Hotels zu Gast. So auch an diesem kalten Morgen im Dezember, mitten in Hannover, wo ich, just in diesem Moment des Schreibens, eine nahezu gänzlich schlaflose Nacht hinter mir habe. Eigentlich sollte ich es besser wissen, gut vorbereitet sein. Es ist wahrlich nicht die erste Nacht in einem Hotel, noch dazu in einem sehr Guten, die ich hinter mich bringe.

Eigentlich ist das hier weniger ein Hotel, als mehr ein Fitness- und Wellnesstempel für die betuchteren Einwohner der Stadt, so scheint es mir. Zusätzlich gibt es etwa 20 gut ausgestattete Hotelzimmer, mit direktem und unverbautem Blick auf den Maschsee, mitten in der Stadt. Es gibt schlimmere Orte. Das hier ist mal wieder so ein *Place to be*, wie man sagt. Jedenfalls, wenn man nicht gerade ein Vagabund auf der Durchreise ist. Es ist schön. Auch für mich. Ein Ort zum Ausspannen nach getaner Arbeit, mit Pool, Sauna, gutem Essen und eben einem wunderschönen Ausblick. Obwohl ich mir den nur vorstellen kann, denn im Dezember ist es draußen naturgemäß dunkel wie im Bärenarsch, wenn ich in ein Hotel einkehre. Das ist nicht schlimm. Ich komme gut damit zurecht, zehre von anderen Dingen.

Trotzdem ist diese Nacht nicht, wie jede andere in einem Hotel. Es ist kurz nach Mitternacht. Ich bin schlaflos, komme nicht zur Ruhe. Es sind weder die Matratze noch das Kissen, die mich vom gesunden Ruhen für die Schönheit abhalten würden. Heute ist es anders. Im Grunde ist es pure Sorge. Es ist die um die Gesundheit meiner Zimmernachbarin.

Es gibt Momente im Leben, da sind Zivilcourage und Nächstenliebe das Gebot der Stunde, egal, ob man seinen Nächsten persönlich kennt oder nicht. So auch in diesem Fall, in dem ich ungewollt Zeuge eines vermutlichen, medizinischen Notfalls werde.

Der eine oder andere mag das, nun in mir aufkommende Gefühl, bereits erlebt haben: Hin- und hergerissen von der Achtung der Privatsphäre anderer und dem Bewusstsein der eigenen Pflicht zu helfen, zögere ich. Ich analysiere. Was sich da abspielt hinter der Wand, hin zum benachbarten Domizil, ist einschüchternd und verstörend sowie aufrüttelnd und beängstigend gleichermaßen.

Ganz offensichtlich ringt dort jemand nach Luft in der Koje, die nur Zentimeter von der meinen, abgetrennt durch eine eigentlich gedämmte Rigipswand platziert ist. Sie ringt dermaßen, dass Panik im Raum zu herrschen scheint. Ein Kampf um Leben und Tod, der sich ein wenig anhört, wie eine Mischung aus angefahrener Katze und Dampflok ohne TÜV. Also ... es quietscht und schnauft, quietscht und schnauft. Es klingt nach Schmerz und Leid. Es poltert im

Raum, das Ringen lässt nicht nach. Anspannung liegt in der Luft und überträgt sich auf mich.

»Was soll ich nur tun?«, denke ich.

Dann fällt mir ein, was ich erst vier Wochen zuvor bei der Auffrischung meines Erste-Hilfe-Kurses gelernt habe.

»Atemnot«, geht mir durch den Kopf. »Ruhe reinbringen.«

Ja, Ruhe bewahren, ist jetzt das Mittel der Wahl. Für mich, wie auch für die Patientin nebenan. Trotzdem muss ich handeln. Besonnen handeln. Entschlossen handeln!

»Sie wird jetzt nicht in der Lage sein, mir die Tür zu öffnen«, erschließt sich mir ein weiteres Problem. Ich treffe eine Entscheidung.

Besonnen, wie entschlossen greife ich mir das Wasserglas, das man mir dort drüben, nebst einer Flasche Wasser auf den Schreibtisch gestellt hatte.

»Das wird mir in alter McGyver-Tradition helfen können und das Leben der in der Not befindlichen Nachbarin retten«, spreche ich mir selbst in Gedanken Mut zu, und presse das Glas an die Wand, um rhythmisch und laut hörbar, in steter Ruhe und mit tiefer Stimme, mit sanften »Uuuuuuhhhhh ... Uhhhhhhhhhh ... Uhhhhhhhh«, hinein zu tönen, wie ich es in einem Geburtsvorbereitungskurs im dritten Programm gesehen hatte.

Töne sind nützlich. So kommunizieren nicht nur Wale, nein, auch trächtige Frauen. Kurz vor der Niederkunft kontrollieren sie auf diese Weise Schmerzen, wie auch Atem gleichsam effektiv, wie effizient. Das kann in dieser Situation nur das Richtige sein, egal, ob dort ein neues Leben zur Welt kommt, oder eine Tuberkulosekranke ihre letzten Atemzüge tut. Davon bin ich überzeugt.

Zugegeben: Das hört sich vielleicht komisch an, verfehlt aber nicht seinen Sinn. Das ruhige, kontrollierte Atmen mit einem Partner, kann einen in Panik geratenen Patienten dazu verhelfen, den kritischen Zustand zu überwinden, um zu normaler Konstitution zurückzugelangen.

Und mein Plan funktioniert. Zehn Minuten später: Ohne die in Not Geratene überhaupt gesehen zu haben, scheint sie sich zu beruhigen. Ich fühle mich gut. Dankbarkeit ist nicht, was ich will. Ich konnte helfen, ganz anonym. Okay, ich bin ein wenig heiser, aber das war es wert.

Zwei Stunden später. Zwei Uhr. Die Symptome scheinen wieder einzusetzen. Die Patientin stöhnt, ringt nach Luft, scheint panisch durch ihr Zimmer zu poltern. Da! Ein spitzer Schrei!

»Welch Leid, das ich hier mit anhören muss!«, durchfährt mich ein Gedanke.

»Was schon einmal geholfen hat, kann jetzt nicht falsch sein«, denke ich erneut zur Besonnenheit kommend. Ich greife zum Glas, drücke es gegen die Wand und töne! Ja, ich töne! Der Rettung eines Lebens kann nichts Peinliches innewohnen!

»Uuuuuuuuuuaaaaaahhhhh ...«

Zusätzlich rufe ich nun zur Ruhe auf, indem ich zwischen meinen Atemanweisungen mahnend in mein Glas brülle: »Tiiiiieeeeefer«, um die Patientin des Hechelns und damit des Hyperventilierens fernzuhalten. Es ist jetzt unabdingbar, tief in den Bauch zu atmen. »Tiiieeefer!«, rufe ich abermals und sie nimmt meinen Rat dankbar an: »Tiieeeefer«, verkündet auch sie und signalisiert damit, dass sie meiner Hilfe dankbar Folge leistet!

Zwanzig Minuten später. Die Patientin hat gut mitgearbeitet. Sie atmet tiefer und ruhiger. Ich hoffe, dass es nun Anlass genug ist, sich ärztliche Hilfe zu holen. Ich lege mich wieder hin. Ich bin kein Held, brauche keine weitere Kommunikation. Sie kann sich selbst helfen. Nein, ich bin kein Held. Das bin ich wahrlich nicht.

Vier Uhr. Ein neuer Anfall. Ich habe Zweifel. Sind meine Bemühungen ausreichend? Habe ich wirklich getan, was ich tun konnte? Ich weiß es nicht. Ich weiß nur, dass es für den Moment gilt, mit bewährten Methoden ein Leben zu retten. Ich töne rhythmisch mit. Ich rufe aus: »Tieeeeeefer« und ich bin stolz, weitere Unterstützung zu geben, indem ich mit sanften Kniestößen gegen die Wand, weitere Anleitung zur Häufigkeit der Atmung geben kann. 25 Minuten. Die Lage beruhigt sich, ich lege mich abermals hin. Ich bin beunruhigt.

Ich bin todmüde. Aber ich bin nach wie vor irgendwie erfreut, geholfen zu haben.

Halb sieben. Ich bin abermals erfreut. Die Patientin hat sich Hilfe geholt. Es scheint ein guter Freund bei ihr zu sein, der ihren nächsten Anfall begleitet. Vielleicht ist er bereits länger vor Ort, aber jetzt kann ich ihn und seine Bemühungen ihr hilfreich zu sein, erstmals vernehmen. Vermutlich weiß sie um ihre Situation und ist daher nicht allein. Vielleicht hat sie etwas Chronisches. Dumm nur, dass der zur Hilfe Gerufene scheinbar jedoch nicht so erfolgreich ist, wie ich es zuvor gewesen war. Im Gegenteil.

Ihre Atemnot wird schlimmer und schlimmer. Auch er tönt, kann sie jedoch nicht mitnehmen. Meines Erachtens liegt es daran, dass er selbst wenig Ruhe ausstrahlt. Er scheint überfordert, ebenfalls panisch. Vielleicht ist er jung und noch unbeholfen, ob einer derartigen Eskalation. Das kann so nicht gut gehen. Ich muss unterstützen. Ich bin weder vollständig bekleidet, noch frisch frisiert, aber das ist jetzt nicht wichtig. In Unterwäsche entschließe ich mich einzugreifen. Genau jetzt und ohne zu zögern. Ich verlasse mein Zimmer, renne über den Flur zur Tür des Nachbarzimmers und schlage gegen das Türblatt.

»Jetzt ist immerhin jemand da, der öffnen kann«, denke ich noch.

Es dauert. Ich hämmere abermals gegen die Tür. Weitere, unendliche Sekunden bis sich die Tür endlich öffnet. Vor mir steht augenscheinlich der Helfer der Erkrankten. Er ist nackt, hält sich ein Kissen vor die Lenden, hat weit aufgerissene Augen, Schweißperlen auf der Stirn und er zittert vor Erregung.

»Das ist jetzt irrelevant, denn es geht um ein Menschenleben«, geht es mir durch den Kopf und schreie: »Lass mich rein, ich kann euch unterstützen!«

Augenscheinlich ist der Helfer nicht nur unfähig, die Patientin zu beruhigen, sondern er befindet sich selbst in akuter Panik. An meinem Zutun ist er nicht interessiert. Wortlos schlägt er mir die Tür vor der Nase zu. Es herrscht Stille.

»Vielleicht versagt das Herz der Patientin seinen Dienst am Leben«, durchfährt mich ein nächster Gedanke.

Ich handle abermals, rufe den Rettungsdienst.

Es ist die einzige Hilfe, die ich noch zu leisten im Stande bin. Ich ziehe mich zurück, kleide mich an und hoffe das Beste für die Patientin. Mehr kann ich nicht tun. Nicht für sie. Nicht für ihn. Ich bin kein Held. Nur ein Mitmensch, der nicht schlafen kann, der das Leid anderer nicht zu ignorieren imstande ist.

Ich wasche mich, nehme meinen Koffer, denn es ist allmählich Zeit, abzureisen. Zwischenzeitlich höre ich die Feuerwehr, die an die Tür, der noch jungen Zimmernachbarn im Unglück, schlägt. Dem Helfer im Zimmer scheint es ebenfalls nicht gut zu gehen, denn er öffnet nicht die Tür für die Retter, scheint nicht in der Lage dazu. Vielleicht befindet er sich weiterhin in der Schockstarre. Ich weiß es nicht. Es ist nach wie vor still. Ich befürchte Schlimmes.

Das hält die Rettungskräfte – die wahren Helden dieser Nacht – glücklicherweise nicht auf und ermutigt sie, allenfalls das Notwendige zu tun.

Holz birst mit lautem Schall!

Als ich mit meinem Koffer am Zimmer vorbeilaufe und einen Feuerwehrmann freundlich grüße, liegt die Tür zweigeteilt in Selbigem und der Rettungsdienst hat beide Patienten bereits in Windeseile reanimiert, wie es scheint. Sie sind nackt und glücklicherweise bei Bewusstsein. Mehr kann ich nicht sehen, denn es stehen etwa sieben Leute in Einsatzkleidung und Taschenlampen im Eingang des Zimmers. Mehr sollte ich auch nicht mitbekommen. Ich möchte nicht gaffen und ziehe meiner Wege mit dem guten Gewissen, Zivilcourage gezeigt und möglicherweise zwei Leben gerettet zu haben. Ich verspüre Genugtuung dafür, mein Schlafdefizit in etwas Positives gewandelt zu haben.

Nein, ich möchte keinen Dank. Ich wäre ebenfalls froh, in solch einer Situation auf einen anonymen, wie bescheidenen Retter zu treffen. Und somit hoffe ich das Beste für die beiden. Mögen sie überlebt haben und ihnen dies nicht nochmals in einem Hotel passieren. Mit dünnen Wänden und einem schlaflosen Nachbarn. Mögen sie gelernt haben, ihr Leid und den Lärmpegel richtig einzuschätzen, damit es nicht wieder einen Retter braucht, der einer solch unruhigen Nacht ein Ende setzt.

Ich wünsche es ihnen.

Poetry Slam

Weiß jemand, was genau Poetry Slam ist? Rhetorische Frage.

Poetry Slam ist ein literarischer Wettbewerb, bei dem selbstverfasste Texte innerhalb einer bestimmten Zeit vorgetragen werden. Die Zuhörer küren anschließend den Sieger. Die Darbietung wird häufig durch performative Elemente und die bewusste Selbstinszenierung des Vortragenden ergänzt. Der Begriff Poetry-Slam wird englisch ausgesprochen; sinngemäß lässt er sich mit „Dichterschlacht" oder „Dichterwettstreit" übersetzen.(...) – das zumindest sagt Wikipedia zu diesem Begriff.

Ich kann das nicht. Texte: ja. Selbstinszenierung: klar. Aber Dichtung? Zeit einhalten? Nee. Ich meine, der Dichtkunst wohnt tatsächlich Handwerk inne. Was ich hier mache, ist schreiben, was mir in den Sinn kommt. Das ist Luxus. Ich gehe dem nach, was mir Spaß macht und von dem ich denke, dass es irgendwen aus Gründen der seichten Unterhaltung interessieren könnte. Ich bin das Popcornkino der Kleinkunst. Nicht mehr und nicht weniger. So ist es und nicht anders. Ich verfolge weder irgendein höheres Ziel, noch zerbreche ich mir nächtelang den Kopf darüber, welche versteckte Form der tiefsinnigen Kunst ich in meine Texte einflechten könnte. Ich habe das Glück, den geilsten Job der Welt machen zu dürfen und, dass das auch noch funktioniert.

Dabei werde ich häufig von Veranstaltern nach der Teilnahme an Poetry Slams gefragt. Was könnte ich Kohle scheffeln, würde ein Schiller oder ein Walther von der Vogelweide der Moderne in mir stecken. *Tandaradei!* ist allerdings der einzig lyrische Ausdruck, an den ich mich aus der Zeit in der Oberstufe erinnere. Ja, und ich weiß noch, dass hier jemand eine Lady unter einer Linde beglücken wollte. Also verbal. Das war´s aber auch. Wenn man allerdings heute schreibt, muss man offenbar auch irgendwie *Poetry Slammer* sein. Ich bin´s aber nicht. Trotzdem fragen sie immer wieder danach.

»Kann ich nicht«, antworte ich dann stets, gut darauf vorbereitet, verständnislose Blicke zu ernten.

Als müsstest du als Forstarbeiter neuerdings wissen, wie der Amazonas funktioniert. Kann ich nicht. Weiß ich nicht. Ist nicht mein Fachgebiet. Ich habe kein Fachgebiet. Spätestens bei der dritten ungläubigen Nachfrage, sage ich:

»Als sei es Inhalt von Kreativität und Genuss,
alleskönnend zu sein in dieser Welt.
die Lippen jeglicher Facette der Kunst
zu benetzen mit des Künstlers Kuss.

Unwissend dankbar seid ihr, werdet ihr doch verschont.
Ich kann sie nicht sein, eure Art Held des Literats,
des Druckes der Zeit folgend,
getrieben von des Publikums Durst nach mehr.
Mehr Dichtung, mehr Reim, deren ein Sinn innewohnt,
als müsse man jenes Opfer bringen zur Erlangung eures

Mandats,
dem Drucke der Massen folgend,
getrieben vom Durst nach mehr.

Ja, mehr Erfolg und Aufmerksamkeit sind wünschens-
wert.
Ruhm bringt Sicherheit in der Kunst Dasein, das ist
gewiss.
Aber wäre ich ich selbst und nicht in mich verkehrt,
würde ich folgen dem, was mich im Zeitgeist ehrt,
auf dass ich mich selbst vermiss?

Lasst euch sagen, so lang ihr hier verkehrt,
ich selbst bin ich. Das ist und bleibt, was mich ehrt.
Als Sklave der Kunst ein bloßer Fliegenschiss,
und Opfer des Mainstreams, das wär gewiss.

Dichtung ist´s nicht, von ihr man sagt, sie sei mein
Talent mit erfreuter Mine.
Nachtschicht, Haus brennt, Waschmaschine!

Kann ich nicht. Bucht mich für was anderes.«

Corona

Die Corona Pandemie 2020. Meinen Enkeln werde ich wohl einmal erzählen: »Eine verrückte Zeit war das damals.« Und ja, das ist sie. Nicht vergleichbar mit den Erzählungen meiner Oma aus dem Krieg, das gewiss nicht. Nur habe ich bisher immer gedacht, wir seien ein diszipliniertes Land mit gebildeten Menschen. Dieser Traum zerplatzt, wie eine Seifenblase. Die zivilisierte Welt zerlegt sich in ihre Bestandteile. Die Menschen kaufen Klopapier, als könne man es essen. Aber fangen wir doch am Anfang an. Für jene, die sich schon bald nicht mehr erinnern oder für meine Enkel. Ganz egal. Wichtig ist, dass alle, die sich, wie ich noch vor einigen Tagen, bald nicht mehr vorstellen können, dass unsere Gesellschaft nicht stabil sein könnte, nachlesen können, was heute Realität ist.

Dezember 2019. Ein Virus macht sich auf einem Tiermarkt in China breit. Schon bald erkranken Menschen ganzer Städte und Regionen. Es ist ein gefährliches Virus. Im Volksmund heißt es *Corona*. Etwas konkreter ist die Bezeichnung *Covid-19* oder *SARS CoV-2*, eine bisher unbekannte Variante aus der Familie der Corona-Viren. Menschen infizieren einander, geben die Krankheit weiter, bevor sie überhaupt Symptome an sich selbst bemerken können. Eine Inkubationszeit von etwa zwei Wochen und ein recht hoher Grad der Übertragbarkeit machen es möglich. Für das Virus bedeutet es exponentielles Wachstum. Wer im Matheunterricht aufgepasst hat, dem ist bekannt, was das ist: Nur ein infizierter steckt leicht 2-5 weitere an. Die geben das Virus wiederum jeweils an 2-5 andere weiter. So setzt sich die Kette fort.

Und nicht nur darum ist es ein gefährliches Virus. Es löst oft eine schwere, beidseitige Lungenentzündung aus oder befällt andere Organe, um sie zum Totalversagen zu bringen. Gefährdet sind insbesondere ältere Menschen oder solche mit Vorerkrankungen. Sie sind jetzt die so genannte *Risikogruppe*, die es besonders vor einer Infektion zu schützen gilt. Oft und das ist umso heimtückischer, weisen junge und ansonsten gesunde Menschen trotz der Infektion mit dem Virus jedoch keine oder nur leichte Erkrankungserscheinungen auf. Sie sind dadurch weiterhin mobil und infizieren umso mehr andere Menschen.

Und so reist die Krankheit um die Welt, breitet sich rasant aus, ist nicht aufzuhalten. Staaten sperren Grenzen, verhängen Ausgangssperren, Kliniken sind überfüllt, schwerkranken Menschen kann nicht geholfen werden. Viele Menschen sterben. Es ist ein geringer Prozentsatz aller Infizierten. In absoluten Zahlen sind es dennoch viele Menschen. Das zeigt sich aktuell ganz besonders in Italien, also nicht irgendwo auf der Welt, sondern *ganz nah dran*. Auch in Deutschland liegen wir derzeit auf den vorderen Plätzen, was die Anzahl von Infektionen betrifft. Die USA beginnen zu verstehen. Es zeichnet sich jedoch ab, dass dort bereits jetzt tausende Menschen unbemerkt infiziert sind und sich eine Welle in Bewegung setzt, die nur schwer aufzuhalten sein wird.

Das ist kein Roman, keine Fiktion. Es passiert wirklich. Hier und jetzt. Es ist inzwischen Ende März und der Frühling kehrt ein. Eigentlich ist es surreal, denn bei diesem Wetter geht man nach draußen, trifft sich mit Freunden. Das freut das Virus ebenfalls, da es sich auf diese Weise besonders gut verbreiten kann. Wo sich Menschen begegnen, finden Viren neue Wirte. Man muss solche Treffen also unter allen Umständen vermeiden.

Das jedenfalls ist der Plan der Bundesregierung. Es geht darum, die Ausbreitung zumindest auszubremsen, damit nicht zu viele Schwerkranke gleichzeitig behandelt werden müssen. Inzwischen ist klar, dass etwa 60-70% der Bevölkerung erkranken und genesen müssen, um eine Art Grundimmunität herzustellen. Es wird das Virus nicht ausrotten. Aber es würde verhindern, dass es abermals eine Pandemie mit diesem Virus geben wird, wie wir sie derzeit erleben. Es steht auch außer Frage, dass die Menschheit die Krankheit überdauern wird. Schließlich liegt die Sterberate aller Infizierten weltweit derzeit zwischen zwei und vier Prozent. Zwei bis vier Prozent. Das entspricht bei etwa 80 Millionen Menschen in Deutschland etwa 1,6 bis 3,2 Millionen Menschen mit hohem Sterberisiko – sollten rein rechnerisch alle Einwohner der Bundesrepublik erkranken. Die Kapazität aller Beatmungsplätze in der BRD liegt momentan bei etwa 27.000 und man versucht, sie hektisch zu erhöhen. 27.000, inklusive jener, die aufgrund anderer Krankheitsfälle bereits in Gebrauch sind. Die Sterberate liegt in Deutschland glücklicherweise noch weit unter der weltweiten Quote. Woran das liegt? Dazu gibt es viele Thesen. Tolles Gesundheitssystem, überdurchschnittlich viele Virustests im Vergleich zu anderen Ländern und so weiter. Fakt ist: Dieser Umstand wird sich ändern, wenn erst einmal alle Betten der Intensivmediziner belegt sind. Das ist absehbar, sofern nicht schnell gehandelt wird. Es ist Fakt, selbst dann, wenn man in der Schule im Matheunterricht nicht Fan der Kurvendiskussion war. Es muss also unser oberstes Ziel sein, daran zu arbeiten, möglichst wenige Menschen gleichzeitig erkranken zu lassen. So einfach ist das. Wenn die Zahlen stimmen.

Und so wächst natürlich die Anzahl selbst ernannter Experten, Leugner und politischer Nutznießer mindestens genauso schnell wie die Menge der Infizierten. Jeder erzählt eine andere Wahrheit. Die einen sind panisch, die anderen leugnen irgendeine Gefahr.

Umgekehrt – und das ist die gute Nachricht – bedeuten die Zahlen ebenfalls, dass etwa 96-98% der Erkrankten wieder gesund werden. Auch das ist allerdings heimtückisch. Es führt dazu, dass es sehr viele dumme Menschen gibt. Die existieren natürlich auch sonst. Momentan sind sie nur besonders gut sichtbar. Sie glauben, sie sind selbst nicht betroffen. Sie denken, dass ihre Freunde auf alle Fälle gesund bleiben werden. Das sieht man ja. Die haben nichts. Sie haben keine Angst vor einer *Erkältung*, wie sie die Krankheit nennen.

Sicher, es könnte sein, dass die Zahlen nicht stimmen. Dass in Statistiken Äpfel mit Birnen verglichen werden und die Pandemie nicht dermaßen gefährlich ist, wie sie uns momentan suggeriert wird. Pharmaunternehmen können viel Geld mit Angst verdienen, so viel steht fest. Der gesunde Menschenverstand ist daher ein hohes Gut in dieser Zeit. Aber Freunde, es geht nicht darum, Angst zu haben. Nein, es geht darum Hirn und Vernunft zu zeigen und kühl und faktenorientiert daran zu arbeiten, eine Ausbreitung zu bremsen. Persönlicher Glaube oder Nicht-Glaube an Zahlen und Statistiken ist daher momentan zweitrangig und muss aktuell der Zusammenarbeit und dem Vertrauen weichen. Ins Gericht können wir gehen, wenn die potenzielle Gefahr vorüber ist. Und was tun die Menschen, anstatt gemeinsam an diesem Ziel zu arbeiten? Sie kaufen Klopapier.

Eigentlich behaupten alle, kein Klopapier zu kaufen. Dennoch sind die Regale in den Geschäften leer. Neue Ware wird inzwischen auf Paletten in die Läden gestellt, die just so schnell abgeräumt werden, wie sie hineingefahren wurden. Ich verstehe es nicht. Ist Klopapier unsere größte Sorge in diesen Zeiten? Befindet sich im Notfall nicht neben jeder heimischen Toilette eine Dusche? Hat es nicht früher auch Gras getan? Die Menschen kaufen Klopapier, aus Angst, dass eine Ausgangssperre verhängt wird, um die Ausbreitung der Krankheit zu begrenzen. Oder für den Fall, dass es zu Lieferengpässen kommt. Sie kaufen Klopapier. Sicher, sie kaufen auch Nudeln, Reis und Mehl und andere Drogerieartikel.

Klopapier liegt jedoch weit vorn im Ranking der beliebtesten Produkte.

Diese Ausgangssperre wird kommen, davon bin ich überzeugt. Das zeigt ein Blick nach Italien und Österreich, wo die Krankheit ebenfalls wütet. Dennoch ist dort die Lebensmittel-, wie auch die Klopapierversorgung bisher gesichert. Ein privates Klopapierlager macht also kein Sinn. Ich brauchte heute ebenfalls eine Packung. Sie kostet inzwischen gute 5€. Sonst etwa 3,50€. Ich habe No-Name-Ware, 3-lagig. Ich kann mich glücklich schätzen. Sollte ich an der Pest eingehen, so sterbe ich mit ausreichendem Bestand an Klopapier und habe etwas zu vererben.

Die Menschen verhalten sich bereits jetzt, wie am Anfang der allerschlechtesten Filme über die Apokalypse. Ich dachte nicht, dass das wirklich so sein würde, wenn es mal eine ernste Krise gäbe. Es gibt sogar Menschen, die vom Kauf von Nudeln und Reis dringend abraten, da sie glauben, Nudeln würden aus Italien und Reis aus China importiert. Und diese Länder sind ja immerhin stark vom Virus betroffen.

»Ja! Natürlich! Und unsere Kartoffeln werden von den Inka in Peru angebaut!«, antworte ich dann immer. »Und Viren sind dafür bekannt, am liebsten in trockenen Produkten durch die Welt zu reisen!«

Mache ich mich lustig? Ja, das tue ich. Es ist nicht die Krankheit, die lustig wäre. Es ist alles andere als lustig, dass Menschen sterben und es niemand verhindern kann. Mein Galgenhumor zwingt mich aber gerade in einer Krise dazu, mir anzuschauen, was das aus unserer, ach so schlauen und besonnenen, Zivilisation macht. Die Menschen beginnen, sich in jeglicher Form unlogisch zu verhalten, als wären sie niemals in der Schule gewesen. Sehr plakativ zeigt das ein Blick in die Newsticker der Presse. Was heute eine Eilmeldung ist und was nicht, erschließt sich mir zumindest nicht so ganz. Erst gestern dachte ich darüber nach ob der Spruch: *Covid, 19! Er wollte doch nur seinen Geburtstag mit Kevin feiern und löste mit der Ankündigung einen Großeinsatz aus,* irgendwie lustig ist. Vielleicht auch lieber: *Dingdong ... Liebe Eltern, der kleine Covid möchte bitte aus dem Smaland abgeholt werden!* Oder einfach: *Verdammt, ich muss kacken!* – Len Mette, Papierkrieg 2020.

Aber lustig geht irgendwie anders. Dabei hätte ich nur einmal in die Eilmeldungen der News schauen müssen:

+++ Pornhub bietet Italienern gratis Premium-Zugang an +++

Das nenne ich mal nett. Ich will auch eine Ausgangssperre. Sofort!

+++ Streit um Klopapier eskaliert – Zwei Verletzte in Supermarkt +++

Mit Wattebäuschchen werden die sich nicht beworfen haben.

+++ *Big Brother*-Bewohner wissen nichts von Pandemie +++

Macht nichts. Sie würden ohnehin nur Klopapier kaufen.

+++ Stiftung Warentest empfiehlt kostenlose Virenscanner +++

Zu diesem Zeitpunkt eine gewagte Schlagzeile.

+++ Trump: »Bin überhaupt nicht besorgt« +++

Wie auch? Sorge erfordert Hirn.

+++ Flatterband soll Busfahrer schützen +++

Was kannst du in diesen Zeiten froh sein, dass dein Arbeitgeber für dich sorgt.

+++ Schweizer Bäckerei verkauft bereits Corona-Schokohasen +++

Aaaaaawww, wie süüüüüßßß!

+++ Trump nahm mit Erkranktem an Konferenz teil +++

In dieser Schlagzeile fehlt wiederum das Wort *Hirn*.

+++ Coronavirus bannt Deutsche vor Fernsehgeräte +++
Pornhub ist ja auch noch nicht freigeschaltet.

+++ Vatikan sperrt Petersplatz und Petersdom +++
... übrigens auch für Kinder. Die Lage eskaliert also.

+++ Michelle Hunzikers Katze büxt aus Quarantäne aus +++
Hoffentlich geht´s der Muschi gut.

+++ Trump: »Wir müssen etwas tun ...« +++
Ah? Echt jetzt?

+++ Corona-Risiko ist für Raucher größer +++
Wer hätte das Gedacht? Eine Lungenkrankheit ist also für Raucher gefährlicher.

+++ Trump: Nationalgarde versorgt Einwohner – und putzt +++
Das nenne ich doch mal eine durchdachte Maßnahme!

+++ US-Maschine wegen niesenden Passagiers umgeleitet +++

Was machen die dann, wenn einer furzt?

+++ Erster Infektionsfall in der Mongolei ist Franzose +++

Die AFD stünde Kopf, wäre der erste Fall in Deutschland ein Mongole gewesen.

+++ Merkel: Wir sind gut gerüstet +++

Na, dann ist ja gut.

+++ Dortmunder Bäckerei backt Mamorkuchen in Klorollen-Form +++

Also ist die Klorollenkrise gelöst.

+++ Söder fordert Notfall-Konzept +++

Wir sind gut gerüstet.

+++ Bundesliga jetzt kostenlos und live im TV +++

YES!

+++ Bundesliga setzt Spielbetrieb aus +++
NOOOO!

+++ Trump kündigt Maßnahmen für US-Wirtschaft an, sagt aber nicht welche +++
Hach, Donald ...

+++ Krankschreibungen gibt es ab sofort per Telefon +++
Ich habe einen geradezu teuflischen Gedanken.

+++ Corona-Tests jetzt auch per *Drive-In* +++
... und nen Big Mac gibt´s gratis dazu!

+++ 100-Jähriger überlebt Coronavirus in Wuhan +++
Und stirbt kurz darauf an Herzversagen.

+++ Trump will jedem Amerikaner 1100$ schenken +++
Endlich! Jetzt wird alles gut.

+++ »Wenn man an Corona erkrankt, am besten in Deutschland!« +++

Na gut!

+++ Hunderte Rollen Klopapier aus Nürnberger Grundschule geklaut +++

Die liegen jetzt in einer Bäckerei in Dortmund.

+++ Papst spricht nur noch per Livestream zu Gläubigen +++

Geht nicht, die sind alle auf Pornhub unterwegs!

+++ Drei Frauen raufen sich um Toilettenpapier +++

Och, bitte ...

+++ Hamsterkauf eskaliert: Mann prügelt sich wegen 50 Kilo Mehl +++

Und ich hatte schon Angst, er würde uns das Klopapier wegkaufen.

+++ Niederländer hamstern Cannabis vor Schließung von Coffeeshops +++

Merkwürdig: Die brauchen wohl kein Klopapier.

+++ Kirche hält trotz *Infektionsrisiko* an Klingelbeutel fest +++

Ich wundere mich nicht.

Diese Aufzählung könnte man stundenlang so weiterführen. Ein Hoch auf den Journalismus, der uns die wichtigen Dinge in Form von Eilmeldungen mitteilt. Mir drängt sich ein Gedanke auf. Und ich bin nicht der Einzige, der sich die Frage stellt, wie ich in den sozialen Netzwerken sehe. Sie lautet: Wie könnte das Universum noch humorvoller sein, als Trump durch eine chinesische Krankheit außer Gefecht zu setzen, die den Namen eines mexikanischen Bieres trägt?

Eigentlich ist es aber auch egal. Viel wichtiger ist, dass die Rechtspopulisten in unserem Land momentan endlich mal ihre Fresse halten. Ich weiß nicht, ob sie vor Angst gelähmt oder mit dem Thema schlicht überfordert sind. Macht nichts. Hauptsache sie sind still. Immerhin zeigt es, was sie nicht können: Krisen konstruktiv managen zum Beispiel. Ähnliches scheint auch für die Kirche zu gelten. Man hat Gottesdienste verboten, weil dort zu viele Menschen zu nah beieinander wären. Das ist vernünftig. Für unsere ewig gestrige und selbst ernannte Institution der Moral heißt das offenbar, dass man ihr den Hahn abgedreht hat. Ich habe jedenfalls noch keinen Abgesandten im Netz oder mit Maske auf der Straße entdeckt, der jetzt in irgendeiner Form und proaktiv Trost spenden würde. Seltene Ausnahmen mag es geben, gängige Praxis ist es jedoch nicht. Kommt vielleicht noch. An meinem Haus dürfen sie vorüberziehen.

Liebe Enkel, liebe Nachwelt, es mag sein, dass niemand überlebt, dass unsere Spezies als Wimpernschlag der Evolution aussterben wird. Sehr wahrscheinlich nicht aufgrund der Pandemie, aber irgendwann wird sie das wohl. Trotzdem bin ich mir nun sicher: Ein Großteil der Ärsche unserer Zivilisation wird blitzeblank sein, wenn wir diese Welt verlassen. Ich hoffe, dass diese Krise dazu dienlich ist, dass man einmal sagen wird:

»Damals haben wir uns wieder daran erinnern müssen, was wirklich wichtig ist im Leben. Zusammenhalt, das füreinander-Einstehen. Sich auf das Wesentliche besinnen. All die Werte, die uns Menschen zu Menschen machen. Klopapier war es wider Erwarten aber nicht.«

Und ich hoffe, dass wir es nicht irgendwann mit einer Seuche, wie Ebola zu tun bekommen, denn sonst herrscht in Deutschland Krieg. Das zeigen viele Menschen, neben vielen solidarischen Bürgern, momentan deutlich mit ihrem egoistischen Verhalten. Zumindest hätte ich dann aber etwas zu erzählen, das mit Omas Geschichten aus der Nazizeit vergleichbar wäre.

In diesem Moment verkünden sie im Fernsehen eine deutschlandweite Ausgangssperre.

2 Monate später.

Ich fühle mich genötigt, abermals etwas zum Thema Corona niederzuschreiben, obwohl es eigentlich nicht mein Ding ist, ein Thema noch einmal aufzugreifen. Das wäre ja wie in einem schlechten Film, in dem in weißen Lettern über schwarzem Grund die Worte *3 Jahre später*, oder sowas eingeblendet würden, nur, weil dem Regisseur nichts Besseres eingefallen ist. Einfach geschmacklos und antiquiert ist sowas.

Es gab ihn, den *Lockdown*. Die Menschen blieben zu Hause, ganze Wirtschaftszweige wurden heruntergefahren. Die Regierung beschloss weit reichende Staatshilfen, für die, die fortan kein Einkommen mehr hatten. Wie oft in solchen Situationen, blieben aber auch hier ganze Branchen auf der Strecke. Die Gastronomie, Solo-Selbstständige, Kunst und Kultur ... Viele von jenen, die es sonst schon schwer haben ihre Brötchen zu verdienen, wurden bei den Hilfen hinten angestellt. Noch ist nicht absehbar, wie sich das auf das *Danach* auswirken wird.

Inzwischen wurden die Kontaktsperren in Teilen gelockert, sodass die Wirtschaft zumindest in einer Art Minimalbetrieb weiterlaufen kann. Ja, und für Theater und Restaurants wurden ebenfalls Regelungen gefunden, die einen Grundumsatz ermöglichen sollen. Mit Abstands- und Hygieneregeln. Dumm nur, dass viele Restaurants und Theater diese aufgrund baulicher Voraussetzungen nicht realisieren können oder schlicht so wenige Gäste begrüßen könnten, dass die Betriebskosten höher, als die Einnahmen wären. Es ist eine einzige Tragödie.

Sogar der *Bundesverband für sexuelle Dienstleistungen* fordert, den Betrieb mittels *Hygienekonzept* erneut aufzunehmen, nachdem sämtliche Dienstleistungen dieser Art logischerweise zu Anfang des Lockdowns verboten wurden. Äh ... warum genau darf ich nicht auf die Bühne, bitte? Auf *das* Konzept bin ich echt gespannt! Mit Frischhaltefolie geht da sicherlich einiges. Wie soll das bitte funktionieren? Ich sehe schon eine Art Bademeister im Puff. Das wird sicherlich ein neuer Ausbildungsberuf:

»Entschuldigung, Sie atmen zu intensiv. Unterlassen Sie das bitte!«

»Würden Sie bitte den Sicherheitsabstand einhalten?«

»Nur gucken, nicht anfassen!«

»Heute nur rückwärts!«

»Nicht vom Bettenrand springen!«

Lediglich der Klopapierhype hat nachgelassen, wird in diesem Fall aber wohl durch einen Feuchttuch-Boom ersetzt werden. Die dummen Menschen wurden jedoch im Laufe der letzten Wochen nicht weniger. Im Gegenteil: Sie scheinen sich viral, wie in einer Art Zellteilung zu vermehren, veranstalten so genannte Hygienedemos. In Zeiten wie diesen wohl das Unwort des Jahres.

Sie pfeifen auf Schutzmasken, die mittlerweile Pflicht an Orten sind, an denen viele Menschen beisammen sind. Sie behaupten, dass dunkle Mächte das Virus nur erfunden hätten, um die Weltordnung zu revolutionieren. Es gibt Theorien über Massenimpfungen, die dazu genutzt werden sollen, Mikrochips in die Menschen einzupflanzen, um sie vollends zu kontrollieren. Ja, Außerirdische und Reptiloide scheinen ebenso in die globale Verschwörung verwickelt zu sein. Die mit Abstand abenteuerlichste Theorie ist jedoch die, dass eine mächtige Elite, angeführt von Hillary Clinton, Kinder in unterirdischen Höhlen züchtet und quält, um aus deren mit Adrenalin angereichertem Blut, ein Lebenselixier für ihresgleichen zu gewinnen. Der Held der Geschichte: Donald Trump. Er habe das Virus erfunden, um Zeit und Ressourcen für die Befreiung dieser Kinder zu gewinnen. Eine entsprechende Militäroperation laufe bereits auf Hochtouren. So oder so ähnlich berichten es zumindest Popsternchen, wie Xavier Naidoo.

Warum kommen die Menschen auf solche Ideen? Scheinbar geschieht es, weil Deutschland aufgrund des recht frühen Lockdowns bisher mit einem blauen Auge davongekommen ist. Es sind nicht zehntausende Menschen umgekommen, wie bei unseren europäischen Nachbarn und in den USA. Diese Zahlen und die damit verbundenen Nachrichten werden angezweifelt. Auch die Presse sei ja manipuliert.

Das alles würde mich zum Lachen bringen, wären es nur einige Verschwörungstheoretiker, die das falsche Kraut geraucht hätten. Aber nein: Auch einige Prominente und Freunde aus durchaus gebildetem Hause, beginnen mit den Aluhutträgern zu sympathisieren.

Weil die Maßnahmen unbequem sind. *Unbequem* wird gleichgesetzt mit der Abschaffung von Demokratie und Rechtsstaat. Statistiken werden verdreht. Den Wissenschaftlern wird umgekehrt seitens der Verschwörungstheoretiker das Verdrehen von Statistiken vorgeworfen, weil sie anfängliche Vermutungen aufgrund aktueller Fakten revidieren und damit *echte* Wissenschaft betreiben. Das alles geschieht ohne Belege seitens der Verschwörungstheoretiker. Dennoch wird es geglaubt. Für eine differenzierte Betrachtung ist kein Raum mehr. Unbequeme Wahrheiten wollen nicht mehr gesehen werden. Der Wunsch, den alten Alltag zurückzubekommen, steht über allem. Es zeigt sich: Ein Hirn kann derart voller Meinung sein, dass für Wissen einfach kein Platz mehr ist.

Ganz wesentlich ist darüber hinaus, dass eine sachliche Diskussion dem lauten Brüllen jener gewichen ist, die ihre Sicht um jeden Preis durchsetzen möchten. Der Umgang miteinander, die Gesprächskultur, das was unsere Gesellschaft auszumachen schien, schrumpft in seinem Stellenwert zusehends. Lautstärke versucht allmählich wichtiger zu werden, als Fakten. Natürlich wehren sich jene Vertreter dieses Lagers vehement gegen solche Argumente. Vielmehr verdrehen sie auch die ins Gegenteil und preisen sich selbst als die *Sehenden*, die *Wachen*, als die die den *Mainstream hinterfragen* und *selbst denken*. Als die, die *nicht blind den Mächtigen folgen*. Ja, diese Schlagworte eignen sich, um einfache Wahrheiten zu definieren und schnell weitere Anhänger zu finden, die sie eben nicht hinterfragen.

Für mich ist das nicht Demokratie, nicht Solidarität. Es ist der pure Egoismus. Ja, selbst die Risikogruppen verfallen in diesen vermeintlichen Egoismus: Alten Leuten scheinen die Abstandsregeln gleichgültig zu sein. Sie tragen ihre Schutzmasken am Kinn, tratschen mit anderen alten Menschen im Supermarkt. Das wiederum ist nicht nur unkluger Egoismus, es ist zudem respektlos gegenüber der Generation, die zum Schutze der Risikogruppen, derzeit ihre wirtschaftliche Existenz riskiert. Meine Befürchtung ist, dass all dies – ähnlich der Spanischen Grippe im vergangenen Jahrhundert – dazu führen wird, dass sich das Virus ausbreiten kann, selbst wenn die Infektionsraten derzeit zu sinken scheinen. In einer zweiten Welle wird unser Land vielleicht nicht mehr so glimpflich davonkommen.

Hoffentlich irre ich mich. Ich bin kein Virologe. Es wäre wünschenswert. Aber selbst für den Fall, dass ich mich irre, werde ich nicht voller Scham darauf schauen, dass ich eine Maske trug, mich an Abstandsregeln gehalten und nicht demonstriert habe. Ich bin nach wie vor ein freier Mensch, der sich solidarisch verhält und aktuell in seiner Bequemlichkeit, in seinem Vergnügen eingeschränkt ist. Ja, eine wirtschaftliche Gefahr droht ebenfalls. Noch habe ich jedoch ein

Dach über dem Kopf und werde weder gefoltert, noch verhaftet. Ich bin frei. Und auf die Gefahr hin, dass diese Solidarität vielleicht nicht notwendig gewesen sein wird, werde ich von genau diesem Verhalten überzeugt sein. Genau diese Nicht-Notwendigkeit wäre ein Glücksfall. Das zeigt ein ganz simpler Blick um die Welt.

Ich habe meiner Oma einmal die Frage gestellt, wie das mit den Nazis in Deutschland überhaupt passieren konnte. Schließlich gab es doch damals gebildete Menschen. Heute kenne ich die Antwort: Es sind nicht Wissen und Aufklärung, die die Menschheit treiben. Es sind die einfachen Antworten, die ihre Anhänger finden. Wenn die einfachen Antworten nicht mehr die der Wissenschaft und der Politik sind, weil eine Situation schlicht komplex ist, ist auch der Rechtsstaat in Gefahr. Und wider Erwarten ist die Bildung kein Allheilmittel. Weil ein Hirn eben derart voller Meinung sein kann, dass für Wissen kein Platz mehr ist.

Weihnachten

Es ist Weihnachten. Ich hasse Weihnachten. Sicher, es ist das Fest der Liebe und der Besinnlichkeit. Ich hasse Weihnachten dennoch. Nicht, dass ich etwas gegen Liebe und Besinnlichkeit hätte. Sowas ist ja eigentlich eine gute Sache. Ich habe eher was gegen die Dinge, die die so genannte zivilisierte Gesellschaft mit dem Zertifikat *Liebe und Besinnlichkeit* versieht.

Wer kennt das nicht: Um dieser Notwendigkeit des *sich-gegenseitig-etwas-schenken-Müssens* zu entgehen, vereinbart doch eigentlich fast jeder im fortpflanzungsfähigen und nicht mehr fortpflanzungsfähigen Alter mit irgendwem:

»Wir schenken uns nichts.«

»NEEEEEIN, wir schenken uns nichts!«

»Wir mögen uns ja auch so.«

»JAAAAA, wir mögen uns ja auch so! Ich muss nix an Weihnachten schenken. Wenn ich wat schenken will, kann ich das das ganze Jahr über tun.«

Jeder weiß, was jetzt passiert. Beide Parteien rennen wie von der Tarantel gebissen los, um trotzdem irgendein Geschenk zu besorgen und an Weihnachten sagen zu können:

»Ich weiß, wir wollten uns nix schenken. Is nur ne Kleinigkeit.«

Wenn du also loyal oder so blöd warst, dich an den ursprünglichen Deal zu halten, stehst du nicht nur mit leeren Händen, sondern auch noch ziemlich blöd da. Und weil du bereits blöd und mit leeren Händen dastehst, legt die Partei, die sich ihrerseits nicht an den Deal gehalten hat, irgendeinen Krimskrams in diese Hände hinein, den du dir weder gewünscht hast, noch irgendwie gebrauchen kannst! Und weil du eben so loyal bist, bringst du es nicht fertig, den Scheiß einfach wegzuwerfen. War ja gut gemeint, dieses liebevolle Geschenk. Jahr für Jahr.

Ich persönlich habe inzwischen eine Sammlung von Keramiktassen in Form von Nikolausstiefeln in meinem Küchenschrank. Ihren Inhalt, der aus Schokolade verschiedenartigster Form besteht, verfüttere ich traditionell im Folgejahr an Halloween an arme Kinder. Die Tassen versuche ich dann zu verschenken, aber niemand will sie. Fallen sie herunter, gehen sie nicht zu Bruch. Ich stelle sie in den Schrank zurück und sie vermehren sich. Von Jahr zu Jahr!

Das ist jedoch nicht alles, was mich an Weihnachten nervt. Es sind solche Dinge, wie dazu genötigt zu werden, mir ab Ende Oktober Schokonikoläuse in den Regalen der Supermärkte anschauen zu müssen, die vermutlich noch einige Tage zuvor Schokohasen waren. Es ist der Umstand, auf dem Weg durch die Essener City inzwischen schon im November auf die Buden des Weihnachtsmarktes zu stoßen. Wie besinnlich.

Weihnachtsmärkte sind ohnehin ein trauriges Highlight der Zivilisation, wie ich finde. Grundsätzlich gibt es hier nur drei Abteilungen: Fressbuden mit Glühwein, Holzspielzeug und Handgemachtes für Ökos. Es stinkt also kontinuierlich entweder besinnlich nach Alkohol und Frittenfett, nach Seife oder nach chinesischem Überseecontainer, vermischt mit dem Duft des Ökoverkäufers. Eigentlich ist alles handgemacht und schrecklich individuell auf dem Weihnachtsmarkt. Verwunderlich, dass man auf allen Weihnachtsmärkten denselben handgemachten Scheiß aus den großen Kartons unter der Theke bekommt, den man im Internet und der Shopping-Mall nebenan für die Hälfte des Preises kaufen kann. Nun ja, *handgemacht* schließt nicht aus, dass asiatische Kinder mit bloßen Händen Dinge in Chemiebäder tauchen, nicht wahr? Ist halt handgemacht. Mit Liebe. Und mit Besinnlichkeit in fernen Ländern. Vielleicht gar von Kindern. Handgemacht eben.

Okay, okay: Ich korrigiere. Die mit dem Lötkolben liebevoll und individuell angesengten Frühstücksbrettchen ... Da steckt tatsächlich Handarbeit drin. Jahrelange Ausbildung in der Brettchenlötermeisterschule vorausgesetzt. Made in Germany.

Für die Dinger sind wir – da bin ich mir sicher – bis ins östliche Birma bekannt. Das Lötkolbenbrettchen spielt hier in einer Liga mit der Kuckucksuhr und dem Glockenguss, das ist ja wohl klar. Ich entschuldige mich in aller Form, denn das ist noch feinstes Handwerk in Reinform.

Ein echter Weihnachtsmarkt-Trend der letzten Dekade darf natürlich nicht unerwähnt bleiben: Der Mittelalterweihnachtsmarkt. Den kennt inzwischen auch jeder, nicht wahr? Das ist der Bereich des Weihnachtsmarktes, in dem du nicht so genau weißt, ob du dich nun im modernen Mitteleuropa oder im Elbenland befindest. Da wickeln sich Menschen in irgendwelche Lederlumpen, trinken Met aus Hörnern und wärmen sich den Arsch am offenen Feuer, weil die Lederlumpen nicht warm genug sind. Als normalsterblicher Besucher riechst du anschließend, als wohntest du in ´ner Höhle oder seist in einer Schwarzwälder Schinkenräucherei angestellt.

Ganz ehrlich, liebe Weihnachtsmarktromantiker: Für mich steht ihr in einer Reihe mit den Karnevalisten. Ich verstehe euch nicht. Ihr macht euch einmal im Jahr zum Konsumaffen und nennt das *Tradition und Kultur*.

Und trotzdem: Irgendwer schafft es in jedem Jahr aufs Neue, mich auf einen Weihnachtsmarkt zu schleifen, obwohl ich mir im Jahr zuvor bereits vorgenommen hatte, nie wieder einen solchen zu betreten. Ich verliebe mich sogar kurzfristig in den Gedanken, mich in weihnachtlich, besinnliche Stimmung versetzen zu lassen. So auch diesmal in Soest. Soest. SOOOO-EEESST! Mir schwillt die scheiß Krempe, wenn ich nur dran denke. An Soest!

Hier in Soest haben wir es natürlich mit einem ganz besonderen Weihnachtsmarkt zu tun. Dermaßen besonders, wie der in Essen und in Dortmund. Mindestens. Ich bin erstaunt. Auch hier laufen Menschen mit Ohrenschützern, Handschuhen und Jacken herum, mit denen man die erste Nacht auf dem Everest überleben würde. Nur, dass es in Soest aktuell 11 Grad Celsius bei leichtem Nieselregen hat. Aber hey, es ist der Weihnachtsmarkt. Wir stellen uns einfach vor, es sei winterlich kalt, obwohl in *good old Germany* seit etwa 2000 Jahren Schnee eigentlich erst im Januar zu erwarten ist. Wir wärmen uns also an Met, Glühwein, offenem, rauchenden Feuer und aneinander, während wir uns in Massen, dicht gedrängt durch die Gassen schieben, um uns Handgemachtes und Gesundes zu Wucherpreisen anzuschauen.

Das Publikum hier: Eine Mischung aus Nordseeurlauber kurz vor dem Exitus, RTL II-Frauentausch-Teilnehmern, Elben und Orks. Ein bunter Haufen dessen, was Deutschland zu bieten hat. Und ich stehe mittendrin in der Gemeinschaft der Gleichgesinnten, Liebenden, Besinnlichen, die sich gegenseitig an die Gurgel gehen, um bloß zuerst eines dieser wenigen, handgemachten und teuren Individual-Frühstücksbrettchen vom Lötkolbenbrennermeister zu kaufen. Es ist Weihnachten. Was zum Henker tu ich hier?

Ich schmunzle. Sehr viele Menschen drängen sich vor einem Stand mit der Aufschrift: *Kraut gegen Dummheit*. Ich kann nicht sehen, was genau es dort gibt. Vielleicht kann man gratis kiffen. Vielleicht sitzt da Gandalf mit einem Karton asiatischer, von Kindern gepflückter Kräuter hinter der Theke. Ich werde es nicht erfahren, denn die Menschen stapeln sich vor diesem Stand und dürsten augenscheinlich nach diesem

Mittel gegen Dummheit. Mögen sie dem Titel des Standes Rechnung tragen, ich ziehe weiter.

Der Duft erhitzten Fettes dringt in mein Kleinhirn vor. Ich bekomme Hunger.

»Ah, dort drüben! Ein Stand mit echtem und handgemachten Elsässer Flammkuchen«, freue ich mich, lasse mich nicht lumpen und schlage zu.

Ich zücke fünf Euro für einen Teigfladen, der die Größe eines Butterbrots aufweist und der mit Creme Frêche aus der Metro sowie Speckwürfeln aus dem Lidl belegt ist. Ich gebe die hartverdiente Kohle mit einem Lächeln der durchaus sympathischen Jamaikanerin, die lauthals zur laut im Stand laufenden Raggaemusik singt. Mir macht das nichts. Ich steh auf Multikulti. Das Elsass in der Karibik ist gar eine Kombi, die ich kreativ finde. Das kenn ich so noch nicht. Soest ist eben doch etwas ganz Besonderes. So ist einfach nur Soest.

Ich bin da wirklich offen, liebe Volksverhetzer. Ich mag nicht darüber hinwegsehen, dass die Heiligen Drei Könige eben nicht aus Stoppenberg, Waltrop und Wattenscheid stammten, so es sie denn gab. Nein, wir haben es hier mit Angehörigen morgenländischer Kulturen zu tun, die laut Überlieferung erstaunlicherweise nicht kriminell, sondern gar zivilisiert waren, während wir in Mitteleuropa uns noch in Bärenfelle eingerollt haben, wie die Jungs vom Mittelaltermarkt. Übrigens: Dass das Jesuskind blonde Locken hatte, halte ich ebenfalls für nahezu ausgeschlossen. Das müsste man mal nach Mendel durchdeklinieren. Sei´s drum. Wir feiern hier ohnehin einen Geburtstag eines Kindes, das rein wissenschaftlich betrachtet, zum einen 4 Jahre früher zur Welt gekommen sein muss, da es sonst König Herodes nicht hätte begegnen können und wir feiern einen Tag, den die Kirche wohlwissend auf einen aus ihrer Sicht heidnischen Festtag verlegt hat, um es mit dem Bekehren anderer Völker leichter zu haben.

Mag sein, dass ich das zu eng sehe. Natürlich tut das der Symbolik des Festes und der Botschaft der Nächstenliebe keinen Abbruch. Es geht schließlich darum, sich in Einkehr zu üben, sich auf das Wesentliche zu besinnen, zur Ruhe zu kommen. Um die Nachricht und um Inhalte. Religion, Geschichte und konkrete Daten sind hier zweitrangig. Es geht um die Symbolik. Ganz so, wie im vorweihnachtlichen Straßenverkehr. Oder an der Kasse im Laden. Alle lieben sie sich und besinnen sich auf das Fest, frei der Zwänge der Industrie. Frei von hausgemachtem Druck, der Verwandtschaft pünktlich ein opulentes, sauberes und einfach perfektes Heim präsentieren zu wollen, um sich dann, nach dem Fest, erschöpft der nächsten Erkältung hinzugeben.

Ehrlich gesagt: Aus besonnen und still wird doch in jedem Jahr aufs Neue besonders kopflos und laut, nicht wahr? Ist das Weihnachten? Oder um es mit den Worten des großen Karl Valentin zu sagen:

»Wenn die stille Zeit vorbei ist, dann wird es auch wieder ruhiger.«

Ich hasse Weihnachten. Nicht für seine eigentliche Botschaft, nicht für beschauliche Märkte und auch nicht für das Beisammensein mit meinen Lieben oder für adventliche Treffen mit meinen Nachbarn und Freunden. Dafür liebe ich es. Ich hasse es dafür, was die meisten von uns daraus machen und, dass ich mich weiterhin manchmal davon anstecken lasse.

Jedoch: Der Anfang zur Wende ist getan, wie ich in Soest erfahren durfte. Mit jamaikanischer Lebensfreude und einem ehrlichen, wie engagierten Unternehmer, vielleicht eine Art Messias, der Kraut gegen Dummheit zu den Menschen bringt. Das gibt´s nur hier. Hier in Soest. Ich kaufe noch schnell eine Stiefeltasse voller Schokolade. Damit ich etwas zu verschenken habe ... Aus Soest.

Das Netz vergisst nicht

Inzwischen wissen wir alle: Das Internet lässt den wahren Menschen zu Tage treten. Eine Mischung aus Anonymität und Einsamkeit vor dem Bildschirm bewirkt scheinbar, dass so mancher User jegliche Scheu verliert und sich zu abnormaler Ehrlichkeit bewogen fühlt. Tummelplätze für Beiträge, die den Fremdschamfaktor explodieren lassen, allerdings auch für ein Comedy-Programm taugen, finden sich nicht nur bei Facebook und Co, sondern auch in Fachforen, wie dem *Haustechnik-Dialog*, in dem ich die folgende Geschichte fand. Die Realität unserer Zivilisation ist eben manchmal einfach viel komischer als jede fiktive Geschichte. Somit zitiere ich den folgenden Internetfund, der erstaunlicherweise aus dem Jahr 2005/06 stammt. Offenbar war zu dieser Zeit noch nicht jedem klar, dass das Netz einfach nichts vergisst:

User A: *Hallo. Wir sind momentan am Badrenovieren und wollen in diesem Zuge auch alle Sanitärobjekte erneuern.*
Als ich mich jetzt nach einem neuen WC umschaute, fiel mir auf, dass die meisten neuen WCs zwar alle sehr schön aussehen, aber vom Durchflussquerschnitt sehr eng bemessen sind. Ich sehe darin ein Problem, weil wir in unserer Familie alle

ziemlich große Haufen scheißen. Unser altes WC, ein Flachspüler von Villeroy & Boch hatte eine wesentlich größere Abflussöffnung, und selbst da gab es manchmal Probleme, dass die Haufen vernünftig durchrutschten.
Bei welchen WC Herstellern ist die Durchflussöffnung besonders groß ausgeführt? Bzw. welchen Hersteller/Typ könnt ihr mir empfehlen?
Gruß Stefan

User B: *Esst halt mehr Sauerkraut dann passt`s schon durch! Sachen gibt`s.*

User A: *Jetzt mal im Ernst. Wir haben nicht vor unsere Ernährung umzustellen. Wir suchen ein neues WC, aber ein vernünftiges! Gibt es vielleicht Modelle von italienischen Herstellern oder so? Es müsste allerdings ein Stand-WC sein.*
Stefan

User C: *Geht auch ohne Ernährungsumstellung. Guckst du www.rizinus.de*
Gruss von Ruhfuss

User D: *Ne, also wirklich! lol*
sorry wenn ich Fehler tippe, aber ich hab noch Tränen inn den Augen. Um Dich zu beruhigen, sämtliche Toiletten namhafter

Hersteller sind bauartgeprüft und müssen den sogenannten "Normschiss" (ja den gibts wirklich)
durchlassen ... (2. Lachanfall)
Die Größe des Durchlasses hat nicht unbedingt mit der Spülleistung zu tun, diese kann sogar besser sein wenn die Dimension etwas geringer ist. Erklärung dauert zu lang, glaub´s einfach. Es sei denn? Ja, es sei denn, Deine großen Haufen wären von einer so massiven Konsistenz dass ne ne ne.. finaler Lachanfall, kann nicht mehr. sorry gacker kreisch

User E: *ACHTUNG! In Thailand stellen sie jetzt WC´s für Elefanten auf!!! Mit Wasserspülung!*
Ist kein Witz, war bei uns in der Zeitung inkl. Foto, hab nur im Moment keinen Link zur Hand!
Ansonsten würd ich mal dazu raten die Backen etwas zusammen zu kneifen! :O)
Eine gute Keramik sollte mit den Haufen von Mitteleuropäern schon zurechtkommen, vielleicht haut ihr einfach nur zu viel Papier mit rein!
Mfg. Xxx
P.S.: ...ansonsten wieder umsteigen auf´s gute alte Plumsklo!

User B: *Wenn ich´s mir recht überlege und den Innendurchmesser des WC- Abgangs bedenke, so dicke Haufen (7 - 8cm im Durchmesser!)... da ging ich schon mal zum Arzt! Da ist die Sitzung auf´m Klo bei Euch wohl eher eine "Geburt"?*
Mfg. Xxx

User C: Spaß muss sein, und wer den Schaden hat, spottet jeder Beschreibung!

Ich mach mir gerade in Gedanken ein Bild!?!?

Eieieiei!

»Schatz ich war gerade auf dem Klo 12 Pfund ohne Knochen.«

User F: *Alles was durch eine 1" Rosette passt, das passt bestimmt auch durch ein 3" Rohr ...*
Hab noch niemals einen Topf gesehen, der nur durch einen Haufen verstopft wurde.
Dazu muss schon was anderes rein.

User G: *AUFHÖREN! BITTE! WIR KÖNNEN NICHT MEHR! Hier liegt schon ne ganze Abteilung flach! Gröhl!*
An den Fragesteller: Bitte mehrmals in der Woche abdrücken und nix ansammeln

oder eine Güllepumpe kaufen!
R. Bogner

User H: *Jucheeeee. 3 Kilo? Das sind, um es mal zu veranschaulichen, 6 Pfund Hackfleisch. Lass die mal abpacken und guck Dir den Haufen an! Ich würde mir keine Gedanken um den Abfluss, sondern um das Fassungsvermögen der Schüssel machen. Ich weiß nicht welche Traditionen bei euch gepflegt werden, aber vielleicht sollte man den monatlichen Klogang ja auf viele einzelne Sitzungen verteilen. Es gibt Leute, die gehen sogar jeden Tag.*
Ne mal ehrlich kein gesunder Mensch kackt 3 Kilo. Und dann gleich die ganze Familie?
Oder wart mal, geht Ihr nacheinander und spült zum Schluss?
Sorry wenn das Ganze zur Lachnummer wird. Bin eigentlich immer bemüht vernünftig zu antworten und auch für allen Scheiß zu haben aber (Lachkrampf)
hier gehen einige Angaben etwas an der Realität vorbei.
gruß max

User C: *Hallo Fragensteller, welcher von den Wildecker Herzbuben bist du?*

User I: *Gewogen hab ich noch keinen Haufen, eher rechnerisch ermittelt. Hab mich vorher auf die Waage gestellt. Stolze 115,4Kg, nach dem Geschäft waren es noch 113,6Kg. Das macht, wenn man mal vernachlässigt was ich in den 20min rausgeschwitzt hab, nach Adam Riese*
1,8 Kilo.
Ja okay, 2-3 Kilo sind etwas übertrieben gewesen, ich wollte damit nur verdeutlichen, das die Haufen wirklich groß sind!

User G: *Wir sollten mal die Dichte berechnen.*

User F: *Dichte = 1, mal sehen:*
3000g entsprechen 3000qcm.
1 Zoll-Rohr
*r*r*Pi * h = 3000*
r = 1,27
h = 600cm (?)
Eine 6-Meter-Wurst? Oder habe ich mich verrechnet?

User G: *Also durch Wiegen herausgefunden? Mhhmmm. Deine Berechnung mit dem vorher nachher wiegen würde natürlich voraussetzen, dass Du während des Geschäftes auch keinen Tropfen Pipi verloren hast.*

Meistens geht das aber zusammen ab. So dass bei 1,8 Kilo Gewichtsverlust durchaus 800 Gramm Flüssigkeit dabei gewesen sein können. Dann bliebe noch immer ein stolzer Zweipfünder als Häufchen. Mir machen mittlerweile andere Dinge Sorgen. Wenn du wie du sagtest einen Flachspüler von V&B hast, Stelle ich mir gerade vor wie das Wasser beim Spülen gegen diesen Fels brandet. Da heißt es aber Deckel zu und zurücktreten.

User F: *Bei diesen Volumina sind entsprechende Flatulenzen zu vermuten. Wie wär's denn mit einer thermischen Nutzung derselben? Wäre doch schade, wenn die Gase so ungenutzt entweichen! Bei der Gelegenheit würde ich den Brennwert gleich noch mit verwursten. :-)*

User C: *Hallo Max,*
nicht den Deckel zumachen. Der haut dir ein Loch in die Decke.
Gruss von Ruhfuss.

User J: *Hallooooo,*
ich würde noch einmal bei der Deutschen Bahn nachfragen, ob die nicht ein Absauge-Schlürf-WC aus einem ICE zu

Verfügung stellen könnten. Es darf dann nur kein Rohrkrepierer auftreten.

Diese Diskussion setzt sich über unzählige weitere Seiten fort. Ich fühle mich jedoch nicht imstande, weiter zu folgen. Bitte bedenkt: Das Netz vergisst niemals!

Menschenallergie

Ich kann total gut Mitmenschen umgehen.

Das ist nicht etwa ein Druckfehler. Eher so eine Art billiger Spaß, wie beispielsweise die Schlagzeile in einem Lokalblatt: *Mann sucht blinden Hund.* Ich habe mir das mühevoll angeeignet. Nicht den billigen Spaß. Den auch, aber hier meine ich, das mit dem *Mitmenschen umgehen*.

Spätestens nachdem ich damals, nach dem Schülerpraktikum, nämlich genau diesen Terminus dem faltigen Herrn im Berufsinformationszentrum des Arbeitsamts – kurz BIZ –, als Erkenntnis des Betriebspraktikums verkaufen konnte. Er hat den Nicht-Druckfehler nämlich nicht als solchen erkannt. Das wollte er auch nicht. Er war eher froh, dass ich mit einigen Schlüsselwörtern seinen Hypothalamus gekitzelt und er fortan ein Schäfchen weniger zu versorgen hatte. Offenkundig wusste ich, in welche berufliche Richtung ich mich einmal entwickeln wollte. Hat super funktioniert, dieses Berufsinformationszentrum für junge Geistesgestörte. Schwamm drüber. Der ruht sicherlich schon in irgendeiner Kiste, sofern er nicht irgendwann auf seinem Stuhl, im Gebäude der Realitätsverzerrung, festgewachsen ist und erst mit der Einführung von Windows XP wiederentdeckt wurde. Wo ich das so aufschreibe, deucht mir, ich könnte schon damals gewisse Antipathien gegen solcherlei Fließbandarbeiter der Stadtverwaltung gehegt haben, die das künftige Leben des vor ihnen sitzenden Schülers in Wahrheit einen feuchten Furz interessierte. Genug der Gefühlsduselei. Ich komme zu den Fakten.

Was ich daraus gelernt habe ist, dass ich solche Quälgeister wie den BIZ-Berater am schnellsten wieder loswerden konnte, indem ich ihnen einfach *gefallen* habe. Ich sagte, was er hören wollte, und hatte ratzfatz meine Ruhe. Und das war nur der Anfang. Ich habe gar das Gefühl, dass ich mehr und mehr eine Menschenallergie entwickle, je älter ich werde. Ich denke, es ist Zeit, darüber zu reden. Ja, das ist es. Es ist Zeit, den Gefühlen einmal freien Lauf zu lassen, dem Lachs die Sonne zu zeigen, sich auszukotzen, den Schimmel in der Tüte zu entdecken, das Butterbrot aus dem Ranzen zu holen. Ja, das ist es. Selbst für den Fall, dass es sicherlich irgendwem nicht gefallen wird.

Sagte ich *älter* von *alt*? Ja, auch das ist wahr: Ich bin nicht mehr ganz taufrisch und ich habe auch nicht den Hauch einer Ahnung, ob es sowas wie ein Berufsinformationszentrum überhaupt noch gibt. Influencer ist ja nun mal kein Ausbildungsberuf. Es taugt allenfalls zu einer Krankheit.

Ja, genau genommen bin ich sogar so alt, dass ich im Kindergarten noch Aschenbecher getöpfert habe. Das kommt ja sicherlich schon bald wieder in Mode! Wo ihr, liebe Jugend, heute mit dem Smartphone auf dem Klo sitzt, habe ich noch Verpackungen lesen müssen. Ich konnte die chemischen Bestandteile eines Päckchens *Omo* noch auswendig aufsagen. Rückwärts! So war das, jawohl! MEIN soziales Netzwerk waren der Affe aus dem Apothekenkalender und das Dr. Sommer Team. Und keiner von beiden hat je geantwortet. Selbst nach Jahren nicht. Das war eine Zeit, in der ich mich freute, wenn ein Brief mit meinem Namen darauf im heimischen Briefkasten im Hausflur lag. Heute weiß ich, dass nur ein leerer Briefkasten ein guter Briefkasten ist.

Anders war das alles damals. Heute hast du ja schon ein schlechtes Gewissen, wenn du nicht *Öko* genug bist, um im Schneidersitz zu kacken. Ich meine, nicht dass dich jemand dabei sehen würde. Hier geht´s um *Lifestyle*. Heute ist deine Privatsphäre nur noch eine gute, wenn du jedem davon erzählst. Und gefallen muss es den anderen. Damit du deine Ruhe hast und nicht im Shitstorm schneidersitzkackender Möchtegerns untergehst.

»Jeder hetzt panisch umher, als wenn es im Leben darum geht, mehr zu sein als man ist.« Das hat der Philosoph Alan Watts schon vor mehr als einhundert Jahren gesagt. In einer Zeit, in der es kein Internet gab und die meisten Leute noch denken konnten. Wenn er gewusst hätte, wie recht er damit haben würde.

Ich meine, wenn es sich nicht ums Kacken im Schneidersitz dreht, geht es doch darum, was du isst oder nicht isst, oder? Gute Fette, schlechte Fette ... Ich denke, ich bin ein guter Fetter und daran habe ich lang gearbeitet. Ich formuliere das nur anders. Ich sage, ich hätte mir eben eine gewisse körperliche Statur erarbeitet. Ich bin sozusagen Omega-3-fett. Ach, wäre doch nur alles so einfach, wie fett zu werden! Nun bist du also fett. Was tust du damit? Richtig! Du versuchst, den anderen zu gefallen, und kaufst dir ein Fitnessarmband, um möglichst schnell und kontrolliert wieder schlank zu werden, damit du den anderen gefällst.

Fitnessarmbänder sind im Grunde wie Tamagotchis, nur dass das Vieh, das du versuchst, am Leben zu halten, du selbst bist. Das macht also keinen Spaß. Das wiederum darfst du niemandem erzählen, denn darum geht´s bei der Vermeidung des Shitstorms: Du musst um jeden Preis wirken, als würdest du das alles tun, um dich selbst zu verwirklichen. Es darf um keinen Preis den Anschein erwecken, als würdest du irgendetwas tun, um anderen zu gefallen. Es darf nicht wirken, wie eine Lüge! Wenn du also nicht dünner werden kannst, musst du fortan genau das zu einem Lifestyle machen, indem du dir ein enges T-Shirt mit dem Hashtag *#NOBODYSHAMING* auflackierst, damit man möglichst alle deiner Problemzonen problemlos sehen kann. Auch das wird seine Anhänger finden. Ganz egal, ob du dir wirklich gefällst oder nicht.

Zum Thema *Lüge* und *fett* fällt mir ein: Meine Ommma hat immer gesagt, schwarze Klamotten würden schlank machen. Beschissen hat sie mich! Nach Strich und Faden! Seit zwanzig Jahren laufe ich in schwarzen Klamotten durch die Welt. Nichts ist passiert, außer dass ich noch fetter geworden bin! *#NOBODYSHAMING!* wäre nun vielleicht ein passender Ausruf für mich, um Follower und *organisches Wachstum* meiner Followergemeinde zu generieren. Aber will ich das? Bin ich das? Mit Sicherheit nicht!

Ist ja auch egal, schlank sein ist nicht alles. Du musst eben nur wirken, als sei es dein frei gewählter Lifestyle. Du musst aktiv im Leben sein, selbst wenn du nur meditierst. Faul sein ist nicht. Müßiggang geht gar nicht. Auch hier ein Tipp zur Vermeidung des nächsten Shitstorms:

»Ich bin nicht faul. Ich nehme selektiv teil und fokussiere mich auf die Keyfacts.«

Dieser Terminus hilft dir dabei, dir eine völlig gesellschaftskompatible Pause zu verschaffen, wann auch immer du das möchtest! Wenn auch nicht unbeobachtet.

Dabei ist es nicht einmal diese Übergriffigkeit, diese Lügen oder der mangelnde Abstand der Mitmenschen in den sozialen Netzwerken, der mich nervt. Sei es der gestresste Rentner in der Kassenschlange, der achtunddreißigste Tierfutterspendensammler an der Haustür oder Kevin auf dem Spielplatz, dessen Eltern ihm nicht beigebracht haben, dass es nicht okay ist, sich mit seiner Schaufel auf fremde Leute zu stürzen. Stattdessen erzählen sie einem davon, wie kontaktfreudig der kleine Scheißer ist und wie sie es bei der musikalischen Früherziehung mit Klangstäbchen weiter fördern möchten. Ob du das hören willst oder nicht. Es ist ihnen scheißegal. Sie wollen dir und allen Menschen im Umkreis einfach nur gefallen.

Geradezu im Kommen ist zudem die Variante Mensch, die dir zu irgendeinem Thema, über das du nicht sprechen wolltest, ihre Meinung aufdrängt und nicht davon ablässt, bis sie das Gefühl hat, du wärst nun der gleichen Meinung. Bis vor einiger Zeit half hier verräterische Zustimmung der Gattung: *Du hast Recht und ich habe meine Ruhe*, jedoch scheint diese Spezies von Nervensägen nicht auszusterben. Sie mutiert nur in Richtung einer deutlich penetranteren Art, die sich nicht durch diese Taktik und ebenso nicht durch strengen Körpergeruch oder gar Gewaltandrohung abschütteln lässt. Sie sind die Trolle der Gegenwart und in sozialen Netzwerken und auf Spielplätzen stets vertreten. Inzwischen bin ich derart angenervt von diesem immer gleichen Geschwafel, dass ich in all diesen Fällen zu sagen geneigt bin:

»Wo kein Ritalin hilft, da muss es eben Chloroform sein!« – oder schlicht: »www.fahr-zur-hölle.de.«

Vermutlich würden es bereits eine Dosis Selbstreflexion, Erziehung und Bildung tun. Ich meine, geht das denn allein mir so? Fühle nur ich mich ständig genervt vom übergriffigen Verhalten anderer Menschen? Habe bloß ich diese ausgeprägte Menschenallergie, bei der man den Eindruck gewinnt, alle täten, was sie tun, um irgendein möglichst stylishes oder kompetentes Bild nach außen abzugeben? Ist denn niemand mehr bei sich und macht Dinge, weil er oder sie sie wirklich tun will, sondern nur um anderen zu gefallen? Ist niemand mehr *echt* und kann dabei einfach die Fresse halten, bis er oder sie oder es nach etwas gefragt wird? Der

Typ, damals aus dem BIZ, ist mir inzwischen beinahe sympathisch. Der hat das getan, um sein Geld damit zu verdienen. Wie ein Staubsaugervertreter. Um die Familie zu ernähren. Das kann ich noch verstehen.

Vielleicht liegt es an mir und ich sollte mich einige Monate in den Himalaja zurückziehen. Oder in eine kanadische Berghütte an einem See. Vielleicht auch in eine Seehütte an einem Berg. Ganz egal, Hauptsache Ruhe! Vielleicht ist es gar keine Menschenallergie. Womöglich ist es eine Zivilisationsallergie. Vielleicht bin ich im falschen Körper geboren und sollte lieber Wasserbüffel sein. Oder Berater im BIZ.

Dabei mag ich Menschen. Wirklich! Obwohl sie lebendig sind. Sie müssen nicht einmal hübsch und weiblich sein, damit ich sie mag. Sie sollten einfach nur echt, aufrichtig und halbwegs schlau sein. Diese Menschen sollten wissen, wann es Zeit ist, einfach mal gar nichts zu sagen. Sie sollten ein Gefühl dafür haben, wann es Zeit ist, schlicht freundlich und reserviert zu sein.

Dann mag ich sie.

Ehrlich.

Nachruf

Ja, ich weiß: Ein Nachruf ist eigentlich etwas für Tote. Ob die Errungenschaften unserer Zivilisation tatsächlich dem Tode geweiht sind, vermag ich nicht zu sagen. Stattdessen glaube ich lieber noch an unsere Stärken und an all das Gute, das uns verbindet!

Nachdem ich mich ja zu Anfang nicht entscheiden konnte, ob ich das Vorwort zu diesem Buch lieber vor dem Schreiben des eigentlichen Buches verfassen sollte, oder erst danach, schreibe ich es einfach noch einmal. Also, natürlich nicht das Gleiche. Das wäre ja geschummelt.

Ich bin also jetzt fertig mit dem Schreiben. Zugegeben: ein bisschen Spaß hat´s schon gemacht. War aber auch Arbeit!

Die Tatsache, dass du das hier liest, bedeutet immerhin, dass man mich mit meinem Manuskript nicht umgehend aus dem Verlag gejagt hat. Und entgegen einigen selbst ernannten Insiderstimmen zu den vorangegangenen Büchern, habe ich nichts dafür bezahlt, dieses Buch veröffentlichen zu dürfen. Doppelschwör!

Und an die anderen selbst ernannten Insiderstimmen, die nicht ein einziges meiner Bücher gelesen haben, aber dennoch nicht mit der Meinung hinterm Berg halten, ich würde mir eine goldene Nase an Buchverkäufen verdienen:

Stimmt auch nicht. Trippleschwör – Goldedition! Also ... vielleicht ja jetzt. Das würde ich dann in der zweiten Auflage, anlässlich der Aufnahme in irgendeine Bestsellerliste, korrigieren.

Solltest du nicht zu diesen Möchtegern-Insidern gehören, freue ich mich schlicht, wenn du beim Lesen ein wenig schmunzeln konntest, denn das ist der Hauptantrieb meines Tuns! Ich freue mich also, dass ich – im Gegensatz zum Vorwort – jetzt das Thema des Buches kenne. Ich freue mich, es nun fertig gestellt zu haben. Das ist ein gutes Gefühl. Eines, das ich ohne jene Zivilisation, zu der ich untrennbar gehöre, wohl jetzt nicht hätte. Eigentlich ist sie, unsere Zivilisation, doch das was unsere Lieblingsmenschen, unsere Freunde und Familie ausmacht. Sie und auch das Leben mit und in ihr hat seine Ecken und Kanten.

Das alles führt in geradezu groteske Situationen und in völlig unlogisches Verhalten der Menschen, über das wir viel zu häufig nur den Kopf schütteln können. Aber was wäre denn das Zusammenleben ohne Ecken und Kanten, die uns immerzu in jene skurrile Situationen führen, über die wir oftmals schimpfen könnten, als gäbe es kein Morgen? Was wäre sie ohne die Intoleranz so mancher Akteure? Ohne deren übertriebenen Hass, der dem Durchschnittsmenschen an sich fast wie Satire vorkommen muss, wohnten ihm nicht ebenfalls seine wirklich dunklen Seiten inne? Was wäre sie, wenn alles nur schwarz oder weiß, gut oder böse wäre?

Mir zumindest würde es schrecklich langweilig werden und dieses Buch wäre noch dazu ziemlich leer – so viel steht fest.

Hass, Ausgrenzung und Intoleranz, Meinungsverschiedenheiten und jegliche Extreme mögen zu uns und zu unserer Zivilisation gehören, wie das Ying zum Yang. Ohne sie wären uns die Liebe, das Lachen und die Freundschaft wahrscheinlich nur halb so viel wert. Vielleicht ist es also gar nicht wünschenswert, ohne die vermeintlich schlechten Dinge in der Welt zu leben. Sie gehören zur Vielfalt untrennbar dazu.

Der Humor, das ist mir klar geworden, lebt seit jeher ebenso davon, sich über Klischees und kleinere, besondere Menschengruppen zu belustigen oder auch lauthals zu schimpfen. Mit einem Lächeln. In einer gewissen, liebevollen Weise. Um ihnen zu sagen:

»Ihr gehört zu uns, wie ihr seid. Und oft bringt es uns zum Lachen, wie wir euch, mit unseren Kuriositäten zum Lachen bringen sollten.« Wischen wir dies jedoch beiseite und bewerten das Gesagte fortan als diskriminierend und bösartig oder richten uns gegen Einzelne, so werden wir den Blick für die wirklich bösartigen Dinge verlieren. Obendrein werden wir das Lachen und das *Miteinander* verlernen. Wir werden nur noch bösartig übereinander, aber nicht mehr freudig miteinander lachen können. Wir werden das Erzählen von Geschichten verlernen.

Ist die Geschichte des Piraten noch genauso bunt, wenn wir ihm das Holzbein, die *Hakenhand* und die Augenklappe versagen, um ihn nicht aufgrund seiner Behinderung zu diskriminieren? Darf der Papagei des Piraten noch *Papagei des Piraten* sein oder diskriminieren wir ihn und seine Artgenossen damit fortan als Vögel aus dem kriminellen Milieu? Es liegt bei uns allen, wo wir die Grenze zwischen Humor, Intoleranz und Bösartigkeit ziehen werden, wo Humor seine Grenzen hat und wo *Political Correctness* Sinn ergibt, um Ausgrenzung und Hass entgegenzutreten. Es wird von unserer inneren Haltung gegenüber dem Anderssein abhängen und von unserer Bereitschaft, dessen schöne Seiten zu sehen. Das gilt ebenfalls und insbesondere für den wohlwollenden Umgang mit der Meinung anderer.

Und sollte dieses Buch zum guten Ende doch noch ein echtes Thema und seinen Sinn für die Welt gefunden haben, möchte ich es in einer völlig unlustigen Bitte formulieren, wo mir doch gerade mal jemand zuhört oder *zuliest*:

Hört auf, Dinge, die anders oder auch bösartig sind zu bekämpfen, als wolltet ihr sie vernichten. Sie gehören zu uns. Nehmt sie an, sorgt für die Bildung eurer Kinder, thematisiert Hass, Ausgrenzung und die schlechten Dinge in der Welt mit offenem Visier, aber gebt ihnen nicht den Raum, der für die schönen Dinge vorgesehen ist. Tretet ihnen und ihren Vertretern stattdessen mit Fakten, einem Lächeln und vielleicht gar Satire entgegen! Lasst euch euren schwärzesten Humor nicht ausreden, so lang er nicht wirklich von bösartiger Intention ist oder Einzelne zu Opfern degradiert! Redet stattdessen mit den Kritikern und hört einander zu! Lasst euch nicht dazu verführen zu pauschalisieren und den Hass zu hassen, denn das gibt ihm nur noch mehr Raum.

Auch die unschönen Seiten gehören zu uns. Untrennbar. Nicht alles ist eindeutig gut und nicht eindeutig böse. Die Fähigkeit, dies bewusst in uns zu tragen, ist vielleicht unser Vermächtnis. Eine Erkenntnis, die außerirdische Besucher in einer fernen Zukunft eventuell mit unserer, bis dahin wohl längst ausgestorbenen Zivilisation in Verbindung bringen könnten. Das wäre doch mal was.

Oder wie Ommma immer sagte:

»Sowat muss et auch geben. Muss et allet geben. Leben un leben lassen.«

Ommma, erst fünfunddreißig Jahre später habe ich's verstanden. Ich hab's verstanden.

Untenrum.

Über den Autor

Als Musiker und Kabarettist widmet sich Len Mette den unterschiedlichsten Themen des kreativen Schaffens, sowohl auf der Bühne, als auch in seinen Büchern. Hatten seine ersten Werke stets Sachbezug, geht er inzwischen eine weitere Stärke an: Mit durchdachtem und wortgewandtem Humor, bringt er seine Wahrnehmung des ganz alltäglichen Wahnsinns unserer Welt zu Papier. In seiner bereits vierten Buchveröffentlichung animiert er seine Leser mit kurzweiligen, wie satirischen Geschichten, zielstrebig zum Schmunzeln und vergisst es dabei nicht, den sprichwörtlichen Finger auch einmal in die sozialkritische Wunde zu legen.

Alle Informationen unter

www.mette.tv

www.facebook.de/derMette

www.instagramm.com/len_mette

www.twitter.com/len_mette

DERFUCHS-VERLAG

www.DerFuchs-Verlag.de
info@DerFuchs-Verlag.de

Auch auf Facebook:
www.facebook.com/DerFuchsVerlag

Burn-Out oder voll Banane?!

von Len Mette

Psychisch erkrankt? Depression? Burn-out? Voll Banane? Ich? Das ist alles so unwirklich. Es kann doch nicht möglich sein, dass ich meinem eigenen Verstand nicht mehr trauen darf, meine eigenen Stimmungen nicht mehr unter Kontrolle habe! Bin ich überhaupt heilbar? Dieses Etwas, das ich da jeden Morgen im Spiegel anstarre, unterscheidet sich jedenfalls nicht wesentlich von einer oscarreifen Horrorszene. Und allmählich bekomme ich Angst vor all diesen Untoten, hier in der Klinik, in die ich mich nach langem Ringen begeben habe. Bin ich etwa genauso untot wie die?

Was reden die denn alle? ›Hilfe zur Selbsthilfe‹, ›Achtsamkeit und Meditation‹... Werden wir jetzt esoterisch oder was?! Ich will lieber verstehen, wie ich überhaupt derart unbemerkt zu einem dieser Zombies werden konnte! Ich schreibe es auf. Für Mich. Und für Dich.